# LES PLUS BELLES LÉGENDES DE L'ÉGYPTE ANCIENNE

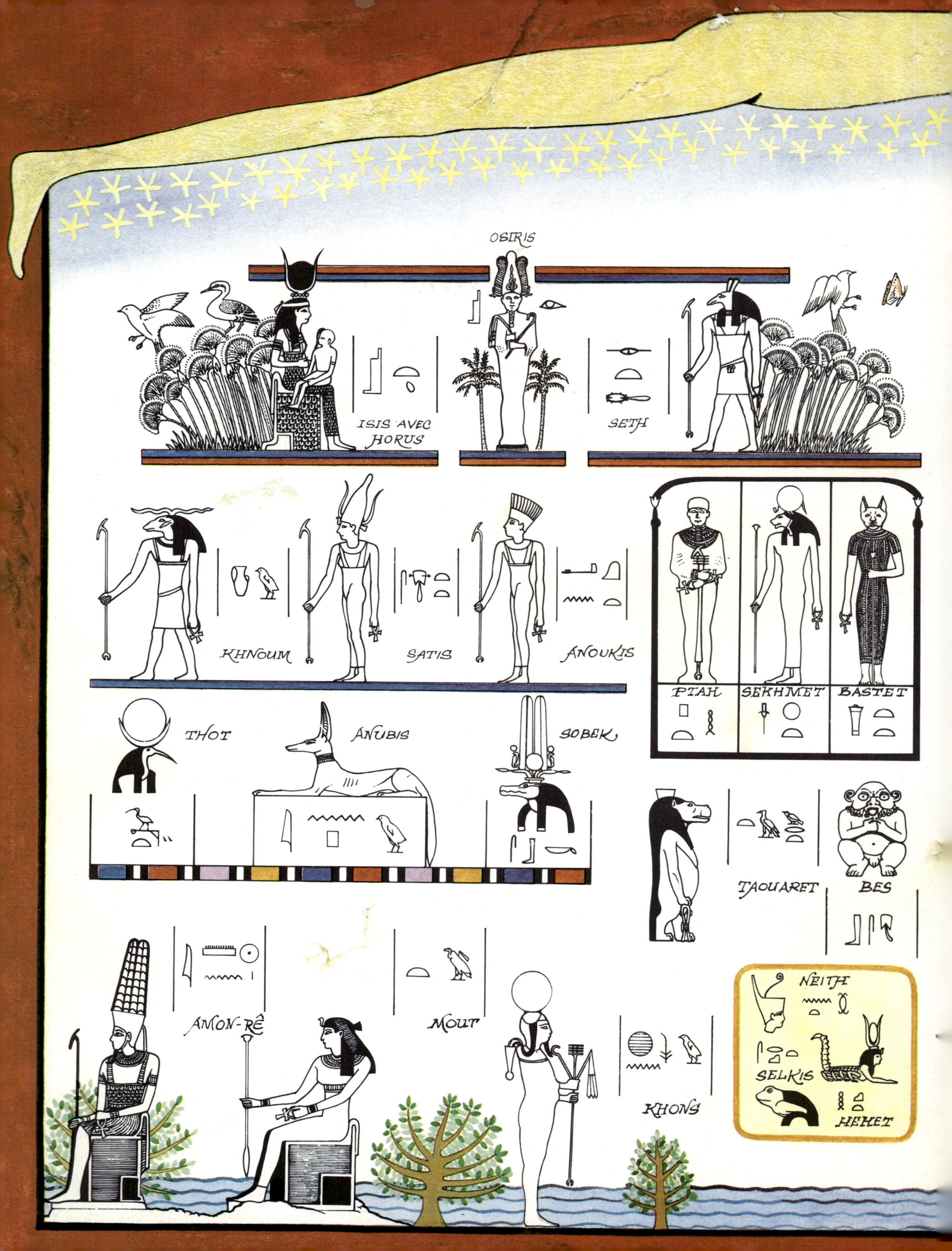

OSIRIS
ISIS AVEC HORUS
SETH
KHNOUM
SATIS
ANOUKIS
PTAH
SEKHMET
BASTET
THOT
ANUBIS
SOBEK
TAOUARET
BES
AMON-RÊ
MOUT
KHONS
NEITH
SELKIS
HEKET

# LES PLUS BELLES LÉGENDES DE L'ÉGYPTE ANCIENNE

Texte de Géraldine Harris
Illustrations en couleurs de David O'Connor
Dessins au trait de John Sibbick

FERNAND NATHAN

L'édition originale de ce livre
a paru sous le titre:
GODS & PHARAOHS FROM EGYPTIAN MYTHOLOGY

chez Peter Lowe, éditeur à Londres.

N° d'éditeur: W 42845
ISBN 2-09-281 600-4

Imprimé en Italie par Grafiche Editoriali Padane



L'AUTEUR
Géraldine Harris a étudié l'égyptologie à l'université de Cambridge. Elle fait des recherches à Oxford sur la religion populaire dans l'Égypte ancienne.
Elle donne aussi des conférences sur les mythes et le folklore de différentes cultures. Elle a écrit deux romans pour enfants.

LES ARTISTES
David O'Connor a étudié l'illustration à Brighton Polytechnic et il est aujourd'hui totalement indépendant, travaillant surtout à des couvertures de livres et à leurs illustrations.
John Sibbick s'est formé à la Guilford School of Art, a travaillé longtemps dans un studio avant d'être totalement indépendant. Il s'est spécialisé dans la reconstitution minutieuse de scènes de la vie du passé.

Traduit de l'anglais
par **Jeanne Bouniort**

# Sommaire

ALASIA (CHYPRE)
MER
MÉDITERRANÉE
BYBLOS
KHOR
(SYRIE)
JOPPÉ (JAFFA)
ALEXANDRIE
PALESTINE
NAHAREÏN
SAÏS
TANIS
AVARIS
BUBASTIS
BASSE
ÉGYPTE
HELIOPOLIS
GIZEH
MEMPHIS
SINAÏ
OASIS
DE SIOUAH
HERACLEOPOLIS
HERMOPOLIS
EL-AMARNA
ABYDOS
MER
VALLÉE
DES ROIS
DENDARA
KOPTOS
DEIR EL-MEDINA
THEBES
ROUGE
KARNAK
EL-KAB
DÉSERT
DE LIBYE
EDFU
HAUTE
ÉGYPTE
ELEPHANTINE
BASSE
NUBIE
Nil
ABU SIMBEL
HAUTE
NUBIE
DÉSERT
DE NUBIE
NAPATA

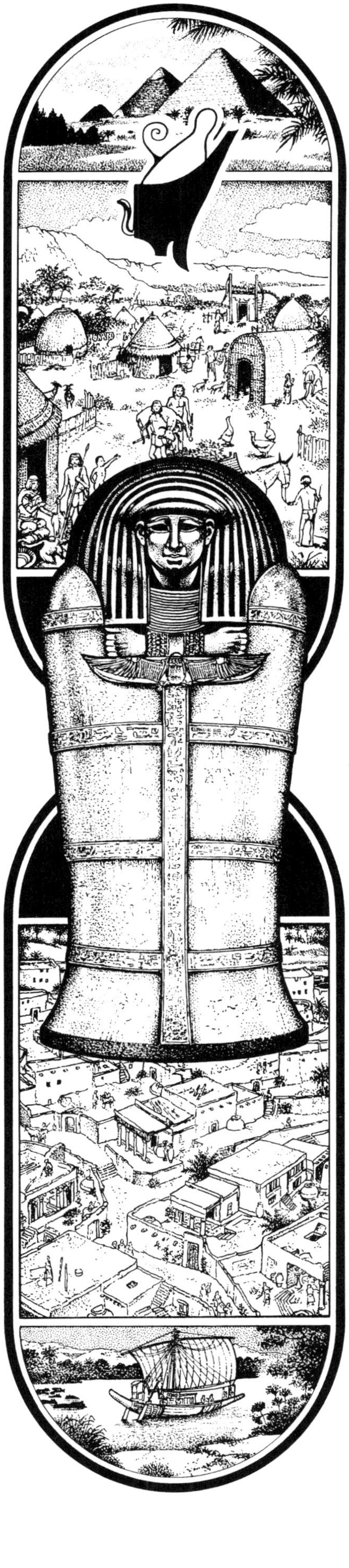

# Terre rouge et terre noire

IL Y A DÉJÀ longtemps que l'Égypte ancienne fascine les Européens. Quand Napoléon Bonaparte fut chargé de commander l'expédition d'Égypte, en 1798, il se fit accompagner par une équipe de spécialistes qui devaient examiner les pyramides, obélisques et autres monuments anciens, et dresser un inventaire. L'un des officiers de Napoléon découvrit la fameuse pierre de Rosette, sur laquelle étaient gravées trois versions d'une ordonnance royale : une version grecque et deux versions égyptiennes, dans deux écritures différentes. Grâce à la pierre de Rosette, et à une inscription portée sur un obélisque, Jean-François Champollion parvint en 1822 à déchiffrer les hiéroglyphes égyptiens, témoins d'un si lointain passé.

Durant tout le XIXe siècle, des équipes scientifiques parcoururent l'Égypte pour faire des dessins des temples et des tombes et des copies des inscriptions. Au cours des cent dernières années, de nombreux monuments égyptiens ont été saccagés ou détruits, et ces dessins sont devenus extrêmement précieux. Il faut dire que les premières fouilles ressemblaient plutôt à des chasses au trésor : il s'agissait avant tout de trouver des objets extraordinaires ou des momies bien conservées, qui iraient enrichir les collections des musées européens. Puis on commença à accorder plus d'importance aux fouilles méthodiques, quand les archéologues comprirent qu'un fragment de poterie ou un petit morceau de papyrus pouvait leur apporter beaucoup plus de renseignements sur l'Égypte ancienne qu'un somptueux vase en or.

En 1850, Auguste Mariette, qui travaillait au département des antiquités égyptiennes du Louvre, découvrit une nécropole de taureaux à Saqqarah. Huit ans après, il fut chargé de fonctions officielles par le vice-roi d'Égypte et il mit sur pied le Service des antiquités, qui assure encore aujourd'hui la protection des sites anciens et l'organisation des fouilles. En 1859, il fonda à Boulaq un musée qui préfigurait l'actuel musée du Caire. En 1881, l'étonnante quantité de bijoux anciens qui était soudain apparue sur le marché des antiquités éveilla ses soupçons. Son enquête révéla qu'une famille du village de Qurma avait trouvé une chambre funéraire contenant les momies de quelques illustres souverains de l'Égypte ancienne. En 1898, d'autres momies royales furent découvertes dans une tombe de la désormais célèbre vallée des Rois. Maintenant, les visiteurs du musée du Caire peuvent contempler les visages des hommes qui gouvernaient l'Égypte il y a trois mille ans.

Les Français ne furent pas les seuls à effectuer des fouilles en Égypte.

L'*Egypt Exploration Fund,* créé à Londres en 1882, a financé de nombreuses expéditions et l'archéologue anglais William Petrie, qui a travaillé en Égypte et en Palestine pendant soixante ans, a mis au point de nouvelles méthodes de fouille et de description des monuments anciens. C'est également à un Anglais que l'on doit la découverte archéologique la plus spectaculaire du XXe siècle. En 1922, après plusieurs années de travail dans la vallée des Rois, Howard Carter a mis au jour la tombe parfaitement préservée d'un pharaon qui avait régné au XIVe siècle avant Jésus-Christ. Le trésor de Toutankhamon redoubla l'intérêt du public pour l'Égypte ancienne. Depuis lors, des spécialistes du monde entier se sont efforcés de ressusciter les splendeurs du passé égyptien.

On ne peut expliquer certains aspects de la civilisation égyptienne sans parler de la géographie tout à fait particulière de ce pays. L'Égypte est un pays de contrastes, et le plus grand de ces contrastes est celui qui oppose les « terres rouges » du désert aux « terres noires » de la riche vallée du Nil. À une époque très reculée, le désert égyptien était couvert d'herbes et peuplé d'animaux, comme le sont aujourd'hui les savanes africaines. Les premiers Égyptiens étaient des chasseurs, qui suivaient les troupeaux de gibier. Puis le climat devint plus sec, les savanes laissèrent la place au désert et les hommes abandonnèrent les hautes terres pour la vallée du Nil, où ils transformèrent les marécages en champs fertiles.

Le ciel de l'Égypte ancienne était uniformément bleu et lumineux; la pluie était pratiquement inconnue. Seules les crues annuelles du Nil permettaient de faire de la culture. Pour accroître la surface cultivable, les hommes creusèrent des canaux et construisirent des digues, mais ils ne pouvaient élargir indéfiniment la zone fertile. Dans le Sud, les terres habitables restaient limitées à une étroite bande de part et d'autre du fleuve. Tout le reste était désertique. Dans le Nord, le Nil se divise en plusieurs bras avant de se jeter dans la Méditerranée. Les régions fertiles du delta étaient, dans leur majeure partie, trop marécageuses pour pouvoir être cultivées. Mais il y avait là en abondance des oiseaux, des poissons, des papyrus pour faire du « papier » et des roseaux pour construire des huttes et des barques. S'il était difficile de naviguer dans les marécages du delta, le Nil constituait dans le Sud une excellente voie de navigation, d'autant que les bateaux pouvaient remonter le fleuve en utilisant les vents dominants, ou le descendre en se laissant porter par le courant. Les Égyptiens du Nord étaient ouverts aux influences étrangères ; leurs bateaux sillonnaient la Méditerranée et ils commerçaient avec les pays du Moyen-Orient. Les Égyptiens du Sud étaient coupés du reste du monde par le désert qui les entourait. Ils étaient donc plus attachés à leurs traditions, et plus étroitement unis les uns aux autres.

Au début, chaque petite communauté ou tribu égyptienne possédait son propre chef. Peu à peu, quelques-uns de ces chefs exercèrent leur autorité sur un nombre croissant de tribus et de clans. Au quatrième millénaire avant Jésus-Christ, certains s'étaient attribué le titre de roi et leurs royaumes devinrent de plus en plus étendus. Selon la tradition, c'est Ménès, un roi du Sud (ou royaume de Haute-Égypte), qui est entré en guerre contre le Nord (ou royaume de Basse-Égypte). Vers l'an 3000 avant Jésus-Christ, les armées du Sud vainquirent celles du Nord et Ménès put régner sur tout le pays, qu'il dota d'une nouvelle capitale : Memphis.

Les souverains de l'Égypte ancienne ont constitué des dynasties successives, et Ménès fut le premier roi de la Ire dynastie. De nos jours, les historiens regroupent les trente dynasties qui ont gouverné l'Égypte indépendante en sept grandes périodes, dont les plus importantes furent l'Ancien Empire (v. 2575-2134 av. J.-C.), époque des pyramides, le Moyen Empire (v. 2040-1640 av. J.-C.), marqué par la réunification de l'Égypte, et le Nouvel Empire (v. 1550-1070 av. J.-C.), avec l'expansion des territoires dominés par de glorieux pharaons, comme Toutankhamon et Ramsès le Grand. Entre ces « empires », l'Égypte connut des périodes de désordre politique, encore aggravé par les invasions étrangères. La Haute-Égypte et la Basse-Égypte restaient profondément différentes, et elles menaçaient de se séparer chaque fois que le pays était gouverné par un souverain qui manquait d'autorité.

Car l'Égypte ne put jamais effacer les traces de son ancienne division. Le pharaon était « roi de Haute et de Basse-Égypte », « maître des Deux Terres ». Il portait une couronne double, composée de la couronne blanche de Haute-Égypte et de la couronne rouge de Basse-Égypte. Il était souvent représenté avec les deux Dames qui le protégeaient : Nekhabit, la déesse-vautour du Sud, et Ouadjet, la déesse-cobra du Nord.

Malgré tout, les Égyptiens avaient tous une égale

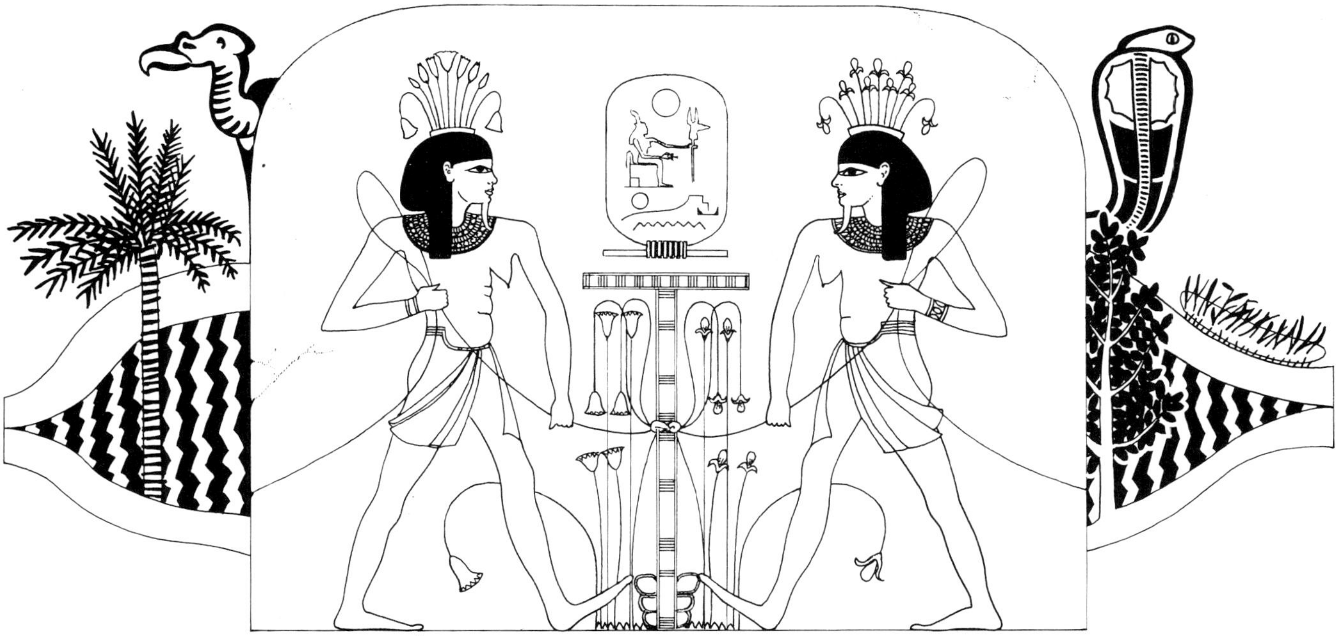

vénération pour leur souverain. Le roi était l'image vivante du dieu Soleil lui-même. Il consacrait beaucoup de temps à des rites religieux compliqués et, cependant, il remplissait activement ses fonctions de chef du gouvernement. Monarque absolu, il détenait des pouvoirs considérables, mais il était bien entendu qu'il ne les exercerait que pour le bien de son peuple. Lors de son couronnement, un roi égyptien revivait les épisodes de la création, et promettait de vaincre le chaos pour instaurer le *Maât*.

Le *Maât* désignait à la fois l'ordre, la justice et la vérité, personnifiés par la déesse Maât, qui était la fille du dieu Soleil. Le roi était censé gouverner en toute équité, de façon que la société égyptienne reflète l'ordre divin établi par les dieux. Le roi, qui était au-dessus des hommes, pouvait intercéder auprès des dieux et leur demander la paix et la prospérité pour toute l'Égypte.

Certains dieux et déesses étaient adorés dans tout le pays, mais chaque région avait en outre ses propres divinités locales. En général, un dieu ou une déesse pouvait être figuré sous la forme d'un animal, ou avec la tête d'un animal, dont il incarnait certains traits de caractère. Ainsi le dieu Khnoum, celui qui donnait la vie, était représenté sous la forme d'un bélier ou d'un homme à tête de bélier. Thouéris, déesse de la fécondité, était représentée avec un corps d'hippopotame, des pattes de lion et une peau de crocodile (ou un crocodile entier) suspendue à son dos. Quant à Hathor, elle avait une personnalité si complexe qu'elle pouvait s'identifier tantôt à une vache bienveillante, tantôt à une lionne redoutable.

L'apparente multiplicité des dieux égyptiens recouvrait en fait une croyance en un dieu unique qui se manifestait sous des formes diverses. Dans les textes de l'Égypte ancienne, il est souvent fait allusion à Dieu, sans autre précision. Les différentes formes divines de cet unique créateur étaient en quelque sorte des images qui permettaient aux gens du peuple d'honorer tel ou tel aspect de son pouvoir mystérieux qui correspondait le plus à leurs propres préoccupations.

Si une divinité locale devenait la protectrice d'une dynastie de rois, elle faisait l'objet d'un culte national. Il entrait dans les attributions du souverain de faire construire des temples pour abriter les dieux et de leur présenter des offrandes quotidiennes. En retour, le dieu était supposé accorder au roi la santé et la puissance nécessaires pour écraser ses ennemis. S'il atteignait trente ans de règne, le souverain célébrait le *sed*. Les cérémonies duraient plusieurs jours et le roi devait se plier à toute une série de rites compliqués destinés à lui faire obtenir la grâce d'une vie et d'une force renouvelées. Chaque rite devait être accompli deux fois : une fois pour la Haute-Égypte et une fois pour la Basse-Égypte. L'un d'eux consistait à courir sur une piste construite spécialement. C'était peut-être pour le roi une façon de prouver qu'il était toujours assez vigoureux pour incarner le dieu Soleil et, à ce titre, gouverner le peuple égyptien. Dans les temps les plus reculés, un roi qui ne pouvait effectuer tout le parcours s'exposait probablement à un meurtre rituel.

Toutefois, la plupart des rois égyptiens sont morts de mort naturelle. Il était très important que les dieux accueillent le roi dans l'au-delà, pour qu'il triomphe de la mort, de même que, chaque matin, le soleil triomphait de la nuit. En raison même de cette croyance en une survie du roi, les coutumes funéraires étaient extrêmement fastueuses et élaborées. L'un de leurs aspects les plus spectaculaires était certainement l'édification des pyramides.

À l'époque de l'unification de l'Égypte, les maisons, les palais et les tombeaux étaient en roseaux et en briques de terre grasse. Mais, dès la III^e^ dynastie (v. 2649-2575 av. J.-C), le premier grand architecte de l'histoire, Imhotep, construisit une pyramide à degrés, tout en pierre, pour son maître le pharaon Djoser. Sous la IV^e^ dynastie (v. 2575-2456), les Égyptiens édifièrent en plein désert, près de Memphis, d'immenses pyramides aux murs lisses.

La grande pyramide de Chéops, à Gizeh, mesurait à l'origine cent quarante-sept mètres de haut. Elle contient quelque deux millions trois cent mille blocs de pierre pesant chacun entre deux et quinze tonnes. Malgré leurs dimensions impressionnantes, les pyramides de Gizeh témoignent d'une extraordinaire précision dans leur architecture. On ne sait pas exactement comment les Égyptiens les ont construites. Cependant, il est certain qu'ils ont utilisé des méthodes et des instruments très simples. Ils n'ont pas été de grands inventeurs dans le domaine technique, mais ils avaient un remarquable sens de l'organisation, et ils ne manquaient ni de temps ni de main-d'œuvre.

Dès qu'il montait sur le trône, le nouveau roi faisait commencer les travaux de construction de sa pyramide. Environ quatre mille ouvriers étaient employés à l'extraction et au façonnage des blocs de calcaire, qui étaient soigneusement choisis. C'était le transport des blocs de la carrière au chantier de construction qui exigeait la main-d'œuvre la plus importante. Une fois découpés, les blocs étaient chargés sur des chalands qui descendaient le fleuve, jusqu'au niveau de Gizeh. Là, il fallait encore transborder les blocs sur des traîneaux en bois et les tirer sur un chemin de rondins aménagé entre le fleuve et le

chantier. Enfin, on hissait les blocs un par un à la hauteur voulue grâce à des rampes en terre appuyées sur la pyramide en construction.

Rien ne permet de supposer que ces travaux étaient exécutés par des esclaves harcelés de coups de fouet. C'était la population rurale qui fournissait l'essentiel de la main-d'œuvre, car les paysans ne pouvaient pas travailler leurs champs durant les trois ou quatre mois où le fleuve était en crue. Des centaines de milliers de gens réunissaient leurs forces pour transporter les blocs de pierre et édifier la pyramide de leur divin monarque.

La Grande Pyramide a maintenant la même couleur que le désert environnant, mais, à l'époque de sa construction, elle était revêtue de calcaire d'un blanc lumineux et son sommet était doré. À côté de la pyramide, deux temples étaient reliés par un passage bordé de murs. À proximité, un bateau était enterré dans une fosse : le roi pourrait en disposer après sa mort.

Après avoir embaumé le corps du souverain, on le portait dans le premier temple, qui contenait vingt-trois effigies royales. Les prêtres purifiaient la momie, puis ils procédaient à une série d'actions rituelles destinées à donner vie aux statues, afin que l'esprit du défunt puisse les habiter comme des corps humains. Après quoi ils portaient le cercueil royal dans le deuxième temple, où les prêtres procédaient à une autre cérémonie et faisaient des offrandes à l'esprit du roi, pour les siècles à venir. Enfin, on portait le cercueil dans la chambre funéraire, au cœur de la pyramide, en passant par un petit couloir, puis on déposait le cercueil dans le sarcophage en pierre avec tous les objets qui devaient accompagner le mort dans son autre vie.

Une fois la cérémonie terminée, les prêtres refermaient toujours le couloir derrière eux, en condamnant l'entrée de la chambre funéraire avec de gros blocs de pierre. En dépit de cette précaution, aucune sépulture royale datant de l'Ancien Empire n'a été retrouvée intacte. Les pilleurs de tombes ont réussi à s'introduire dans les chambres funéraires pour dérober les objets précieux.

Mais les archéologues ne s'intéressent pas seulement aux dieux et aux rois. Ils ont recueilli une foule de renseignements sur la vie quotidienne des gens du peuple dans l'Égypte ancienne, et plus particulièrement sous le Nouvel Empire (v. 1550-1070 av. J.-C.). Durant cette période, les membres de la famille royale étaient enterrés dans une vallée désertique, près de Thèbes, la capitale religieuse du Sud. Le gouvernement avait fait construire à proximité un village pour les artisans qui creusaient les tombes royales à flanc de colline et qui les décoraient.

Au début, les maisons de briques des villages étaient toutes identiques. Bientôt, les familles qui y vivaient commencèrent à abattre des cloisons intérieures, à agrandir leurs maisons et à décorer les pièces avec des peintures murales. Dans la plupart des maisons, la pièce qui donnait sur la rue servait d'atelier.

Derrière l'atelier, il y avait une pièce plus grande et plus haute que les autres, surélevée au moyen d'un morceau de tronc de palmier. Elle était éclairée par des fenêtres sans vitres et très peu meublée. Les maîtres de maison s'asseyaient sur une banquette en brique. Les chaises étaient réservées aux plus riches ; les autres utilisaient des sièges pliants et des tables basses en bois. Il y avait généralement une petite chambre derrière cette pièce. Les lits étaient des châssis en bois garnis de sangles de roseau entrecroisées, auxquels on accédait par des marchepieds. Les Égyptiens dormaient dans des draps de toile, avec des chevets en bois en guise d'oreillers. Les vêtements, les bijoux et les produits de maquillage étaient rangés dans des coffres décorés avec des peintures qui imitaient l'ivoire et l'ébène précieux.

Sous le Nouvel Empire, les Égyptiens portaient des vêtements habilement drapés et plissés. Les robes moulantes des femmes ainsi que les pagnes et les chemises à larges manches des hommes étaient blancs. Les colliers, les bracelets et les guirlandes de fleurs des jours de fête ajoutaient des notes de couleur éclatantes. Les coiffures pouvaient être très compliquées, et les Égyptiens portaient parfois des perruques de laine teinte. Les hommes et les femmes se maquillaient les yeux. Un nécessaire de toilette égyptien contenait généralement un miroir, un rasoir et une pince à épiler en cuivre, un pot de fard à joues, du rouge à lèvres, du fard à paupières vert, du liquide noir pour souligner les paupières, et des flacons de ces huiles parfumées avec lesquelles les Égyptiens aimaient à se frictionner le corps.

Les maisons de Deir el-Medineh n'étaient pas assez luxueuses pour posséder des salles de bains. Le couloir qui s'ouvrait sur le côté de la chambre conduisait à une portion de terrain réservée à la préparation des repas. Il y avait là un four en terre cuite, en forme de coupole, une meule pour les céréales que les artisans recevaient en échange de leur travail et des marmites de formes et de tailles diverses. Le pain et la bière faisaient l'ordinaire des Égyptiens. Ils entreposaient les cruches de bière, et parfois de vin de dattes, dans un cellier creusé à même la roche, derrière la « cuisine ». Les Égyptiens étaient très friands de figues, de grenades, de raisins et de pastèques. Ils faisaient des gâteaux avec des dattes ou du miel. Ils appréciaient surtout le bœuf et l'oie rôtie, mais la plupart d'entre eux ne mangeaient de la viande que dans les grandes occasions. Les protéines leur étaient fournies par les poissons séchés, les lentilles et les pois. Les légumes frais les plus courants étaient le poireau, l'oignon, l'ail et le concombre.

Un escalier extérieur permettait de monter sur le toit de la maison, où l'on mettait les légumes à sécher. Les Égyptiens élevaient parfois des animaux tels que les oies ou les chèvres, mais ils aimaient surtout s'entourer d'animaux familiers. Sur les fresques, ils sont souvent représentés avec des chiens, des chats ou des singes sur leurs genoux ou à leurs pieds.

Le toit était une véritable pièce supplémentaire. C'est là que les gens dormaient quand il faisait très chaud, et ils y passaient de longs moments dans la journée, à jouer à des jeux de patience ou de société, et à bavarder avec les voisins. De leur toit les habitants de Deir el-Medineh pouvaient regarder les tombes de leurs ancêtres creusées à flanc de colline, ainsi que leur temple local. Chaque maison abritait une petite chapelle où l'on faisait chaque jour des offrandes de pain, de vin et de fleurs à la statue d'une divinité adorée entre toutes. Dans certaines maisons, les murs étaient décorés de fresques représentant la déesse Thouéris et Bès, le dieu à peau de lion et à barbe hirsute qui, en dépit de son apparence de nain difforme, était le bien-aimé protecteur des femmes et des jeunes enfants. Des effigies de Thouéris et de Bès étaient sculptées sur les lits et les chevets pour protéger les dormeurs contre les serpents, les scorpions et tous les dangers de la nuit. De petites images de ces deux divinités servaient aussi de talismans ou d'amulettes.

Les Égyptiens croyaient dur comme fer au pouvoir magique des amulettes et presque tous leurs bijoux avaient des vertus bénéfiques. Les Égyptiens en portaient tout le temps, de leur naissance jusqu'à leur mort. Leur préférence allait aux minuscules effigies de dieux ou de symboles divins, tels que l'œil de faucon du dieu Horus, le *djed* (un pilier coiffé de quatre chapiteaux superposés) d'Osiris ou la tête de vache d'Hathor. Les dieux n'étaient pas seulement dans les temples, ils occupaient une grande place dans la vie quotidienne et ils étaient les héros des histoires que les Égyptiens aimaient tant.

# L'océan primordial

La religion égyptienne était plus riche en symboles qu'en mythes proprement dits, mais elle prêtait à certains dieux des aventures merveilleuses. Seulement, ces histoires étaient tellement connues que les Égyptiens éprouvaient rarement le besoin de les consigner par écrit. Pour reconstituer les mythes égyptiens, on ne dispose bien souvent que d'allusions éparses, disséminées dans les hymnes, les prières, les inscriptions des temples, les textes des pyramides et des sarcophages, et parfois même dans des documents aussi singuliers que les textes des incantations destinées à guérir les morsures de scorpions. Des écrivains de la Grèce antique ont relaté l'histoire de certaines divinités égyptiennes, mais il est difficile de savoir dans quelle mesure leurs écrits correspondent vraiment aux légendes égyptiennes originales.

Certains mythes, comme le meurtre et la résurrection d'Osiris, étaient souvent mis en scène lors des cérémonies royales ou des rituels liturgiques. Les prêtres érudits des grands centres religieux, tels que le temple de Rê à Héliopolis, le temple de Ptah à Memphis et le temple de Thot à Hermapolis, élaboraient des cycles mythologiques dont le personnage central était leur dieu local. Tous ces cycles expliquaient les mystères de la création, le seul événement historique qui eût une réelle importance aux yeux des Égyptiens. Une bonne douzaine de mythes différents ne suffisaient pas à épuiser les prodiges de la création. Le Créateur avait des formes et des noms divers (Rê, Rê-Atoum, Amon-Rê, Rê-Horakhty), mais, dans tous les cas, il était issu des profondeurs insondables de l'océan primordial, Noun.

Au commencement était l'océan du chaos. La nuit et le silence

régnaient. Dans l'abîme océanique résidait l'esprit du Créateur, père et mère de toutes choses... D'après une légende, un monticule de terre avait peu à peu émergé des eaux du chaos, tout comme les terres d'Égypte semblent émerger des eaux du Nil à chaque décrue. Le monticule fut la première de toutes les terres. Là, l'esprit du Créateur pouvait enfin se loger dans un corps. Et c'est sous l'apparence d'un phénix au plumage flamboyant que le Créateur se posa sur la colline primordiale. Son cri rompit le silence éternel.

Selon une deuxième légende, huit créatures à tête de grenouille ou de serpent évoluaient dans les eaux du chaos, avant le commencement des temps. C'était l'Ogdoade, composée de Noun et Nounet, les divinités de l'océan primordial, Heh et Hehet, les divinités de l'espace infini, Kek et Keket, les divinités des ténèbres, Amon et Amonet, les divinités de l'indiscernable. Ces êtres mystérieux s'étaient rassemblés pour former le grand œuf qui devait engendrer le Créateur.

D'autres disaient qu'une oie avait déposé l'œuf primordial sur la colline et qu'elle avait poussé le cri qui avait rompu le silence. Le Grand Caqueteur, comme on l'appelait, avait couvé son œuf pendant des siècles innombrables, jusqu'à ce qu'enfin éclose un brillant phénix. La coquille de l'œuf, en s'ouvrant, avait fendu les flots du chaos, libérant un espace où le Créateur pourrait façonner le monde.

D'après une troisième légende, les ténèbres recouvraient les flots lorsque le lotus primordial était monté à la surface de l'eau. Le lotus bleu s'était ouvert lentement et il avait dévoilé le jeune dieu qui était assis sur son cœur doré. Un parfum suave se répandit sur l'océan, et la lumière qui émanait du corps du divin enfant dissipa les ténèbres universelles.

Cet enfant était le Créateur, le dieu Soleil, la source de toute vie. Chaque soir, de même que tous les lotus, le lotus primordial refermait sa corolle et disparaissait sous la surface de l'eau. Le chaos régnait toute la nuit, jusqu'au retour du « dieu-dans-le-lotus ». Au commencement des temps, les forces du chaos ne furent pas vaincues à jamais. Elles entouraient la terre sous forme de serpents prêts à attaquer le dieu Soleil. L'ordre et le chaos se livrent un combat éternel.

Toutes ces légendes s'accordaient pour dire que le Créateur savait qu'il était seul dans les abîmes du chaos. Cette solitude était devenue intolérable et il avait eu grande envie de partager le nouveau monde avec d'autres créatures. Les prêtres de Memphis racontaient que les pensées du Créateur étaient devenues les dieux et toutes les choses qui existent : quand les êtres prenaient forme, la langue du Créateur leur donnait la vie en les nommant. Car c'étaient la pensée et la parole qui donnaient l'existence.

Pour les prêtres d'Héliopolis, le Créateur était Rê-Atoum. Après des siècles de solitude, il avait craché Shou et Tphénis, le dieu de l'air et le dieu de l'humidité. Comme Rê-Atoum ne parvenait pas à retrouver Shou et Tphénis dans l'océan du chaos, il resta encore longtemps seul. Enfin, le Créateur arracha un œil à son propre visage. Il le remplit de son pouvoir et le nomma Hathor, sa fille. Alors, il l'envoya chercher ses deux enfants perdus.

La lumière de l'Œil pénétra les forces du chaos. Bientôt Shou et Tphénis furent retrouvés et ramenés à leur père. Pour le récompenser, le dieu Soleil plaça l'Œil sur son front et lui donna la forme d'un grand cobra, l'uraenus. Il promit à l'uraenus qu'il serait plus fort que ses ennemis et que, dans les siècles à venir, il inspirerait la crainte aux dieux et aux hommes.

Rê-Atoum étreignit ses premiers enfants, Shou et Tphénis, en versant des larmes de joie. Ce faisant, il leur insuffla son esprit et c'est ainsi que Shou et Tphénis reçurent en partage la nature divine du Créateur.

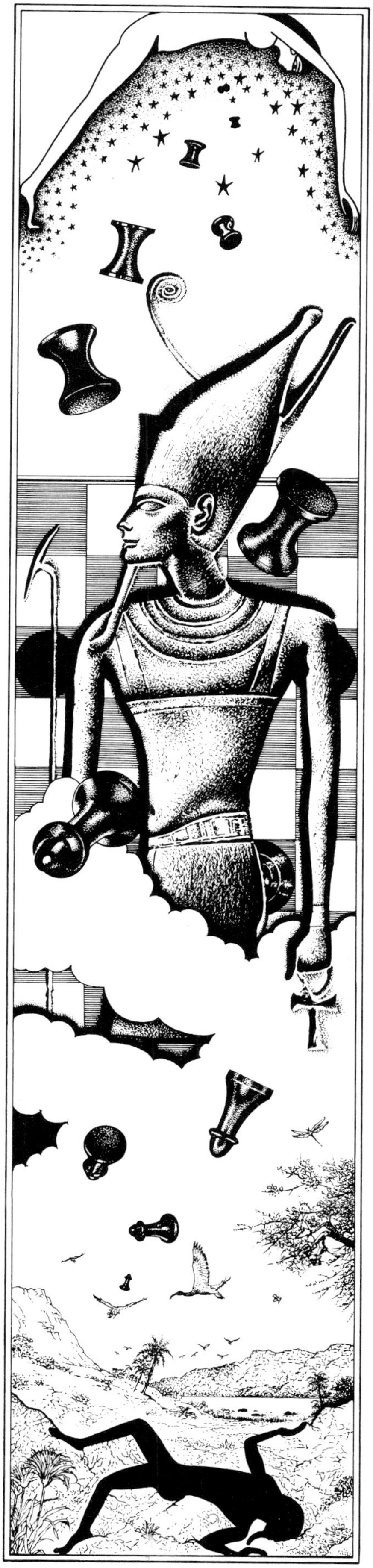

# Les neuf dieux

SHOU ET TPHÉNIS, les premiers enfants de Rê-Atoum, étaient amoureux l'un de l'autre. Au bout de quelque temps, Tphénis donna naissance à deux jumeaux : Geb, le dieu de la terre, et Nout, la déesse du ciel. Geb aimait sa sœur, la belle Nout, et tous deux restèrent enlacés pendant des siècles et des siècles. Le ciel se serrait contre la terre. Il n'y avait pas le moindre espace entre eux, si bien que rien ne pouvait vivre ou pousser sur la terre.
Rê-Atoum finit par devenir jaloux du grand amour que Nout témoignait pour Geb, et il ordonna à leur père de les séparer. Shou, le puissant dieu de l'air, écrasa Geb sous ses pieds. Puis il souleva Nout sur les paumes de ses mains, très haut au-dessus de son frère. Nout était enceinte, et Rê-Atoum lui jeta un sort pour qu'elle ne puisse accoucher aucun jour de l'année. Geb se débattit sous les pieds de son père, Nout se pencha vers lui, mais ils ne purent se rejoindre.
Cependant, le Créateur avait donné la vie à d'autres êtres, et parmi eux il y avait Thot, le plus sage de tous les dieux. Thot leva les yeux vers la belle Nout, qui se cambrait au-dessus du monde, et il éprouva de l'amour et de la pitié. Il décida de venir en aide à la malheureuse déesse. Aussitôt, il inventa le jeu de dames. Thot invita les dieux à disputer contre lui des parties dont l'enjeu était le temps. Peu à peu, le dieu très sage réussit à gagner assez de temps pour faire cinq jours. Or, le Créateur avait fixé à trois cent soixante jours la durée de l'année. Thot ajouta le temps qu'il avait gagné, pour faire cinq jours de plus. Le sort jeté par Rê-Atoum n'était pas valable pour ces jours-là, et Nout put enfin donner naissance à ses enfants.
Le premier jour elle mit au monde un enfant déjà couronné, qui s'appelait Osiris. Le deuxième jour vint Haroëris et le troisième, après bien des souffrances, Seth. Les quatrième et cinquième jours naquirent deux filles, Isis et Nephthys. Osiris et Isis, qui étaient tombés amoureux l'un de l'autre dans le ventre de leur mère, devinrent mari et femme. Seth et Nephthys se marièrent aussi, mais il n'y eut jamais d'amour entre eux.
Les deux filles de Nout avaient un tempérament très différent. Isis était courageuse et astucieuse, elle était la déesse de la magie, plus sage que des millions d'hommes.
Nephthys était douce, fidèle et dévouée. Leurs deux frères, Osiris et Seth, étaient encore plus dissemblables. Osiris était beau, noble et généreux. Seth avait une tête de bête sauvage, qui révélait sa vraie nature, car il était cupide et cruel. Il ne put jamais accepter qu'Osiris fût l'aîné, destiné à monter sur le trône.

Rê-Atoum, avec ses enfants Shou et Tphénis, ses petits-enfants Geb et Nout et ses arrière-petits-enfants Osiris, Isis, Seth et Nephthys étaient les neuf grands dieux qui formaient l'Ennéade. Le Créateur donna l'existence à maints autres dieux et déesses, et il peupla le ciel au-dessus de la terre et le ciel au-dessous de la terre avec des esprits, des démons et des divinités mineures.

Enfin, il créa l'homme. Certains disaient que l'humanité était née des larmes versées par Rê-Atoum lors de ses retrouvailles avec Shou et Tphénis. D'autres racontaient que Khnoum, le dieu à tête de bélier, avait façonné l'humanité sur son tour de potier. D'après eux, quand le Créateur avait insufflé la vie à ces êtres, il leur avait donné une terre où ils pourraient vivre : le royaume d'Égypte.

Rê-Atoum fit les barrières du désert pour protéger l'Égypte et il créa le Nil pour irriguer la terre et la rendre fertile. Puis il créa d'autres pays et, pour eux, il mit un Nil dans le ciel ; c'est ce que nous appelons la pluie. Rê conçut les saisons et les mois, et il revêtit la terre avec des arbres, des herbes et des fleurs. Enfin, il façonna tous les insectes, les poissons, les oiseaux et les autres animaux, et il leur donna le souffle de vie.

Tous les jours, Rê-Atoum traversait son royaume à pied, ou il sillonnait l'océan céleste dans la barque des millions d'années. Chaque fois qu'elles voyaient le soleil, toutes les créatures vivantes de l'Égypte glorifiaient leur Créateur. Pour repousser les forces du chaos et pour défendre l'ordre et la justice, Rê-Atoum inventa la royauté. Il fut lui-même le premier et le plus grand souverain d'Égypte. Il régna dans la joie et la paix pendant des siècles innombrables.

# Le nom secret de Rê

Rê, l'unique créateur, se montrait au peuple d'Égypte sous l'apparence du disque solaire. Mais on lui connaissait d'autres aspects : celui d'un homme couronné, ou d'un faucon, ou encore d'un homme à tête de faucon. Les Égyptiens le représentaient aussi comme un scarabée poussant le soleil devant lui, tel ces scarabées qui poussent devant eux une boule de fumier où ils pondent leurs œufs. Soixante-quinze représentations de Rê, toutes différentes, étaient enfouies dans des temples souterrains. C'étaient des êtres mystérieux, au corps momifié surmonté par un oiseau, un serpent, des plumes ou des fleurs en guise de tête. Les noms de Rê étaient aussi nombreux que les formes qu'il pouvait prendre. Il était le Lumineux, le Caché, le Renouveau de la terre, le Souffle des âmes, l'Adoré... Mais le dieu Soleil avait un autre nom, qui n'avait jamais été prononcé depuis le commencement des temps. Quiconque connaîtrait le nom secret de Rê aurait tout pouvoir sur Rê et sur le monde qu'il avait créé.

Isis convoitait ce pouvoir. Elle avait rêvé qu'un jour elle aurait un fils à tête de faucon qui s'appellerait Horus. Et elle voulait s'emparer du trône de Rê pour le donner à son fils. Isis était la déesse de la magie, plus sage que des millions d'hommes, mais elle savait qu'il n'existait rien ni personne d'assez puissant pour porter atteinte au Créateur. Le seul moyen était de retourner le pouvoir de Rê contre lui-même. Alors Isis échafauda un plan astucieux et cruel. Chaque jour, le dieu Soleil traversait son royaume, escorté par une foule d'esprits et de divinités mineures. Rê vieillissait ; ses yeux se voilaient, sa démarche était moins assurée et il commençait même à baver.

Un matin, Isis se mêla à un groupe de déesses mineures dans le cortège du roi des dieux. Elle se mit à épier le visage de Rê et, au bout d'un moment, elle aperçut un filet de salive qui tombait sur une motte de terre. Quand elle fut certaine que personne ne la remarquerait, elle ramassa la motte de terre. Isis mélangea bien la terre avec la salive, de façon à la transformer en argile molle. Elle modela un affreux serpent. Toute la nuit, elle marmonna des paroles maléfiques en tenant le serpent d'argile entre ses mains. Puis, la perfide déesse alla déposer le serpent à un carrefour sur l'itinéraire habituel du dieu Soleil.

Elle cacha le serpent dans l'herbe haute, et elle s'en retourna en son palais.

Ce jour-là, Rê vint parcourir son royaume, suivi par une foule d'esprits et de divinités mineures. Quand il approcha du carrefour, les maléfices d'Isis commencèrent à produire leur effet et le serpent d'argile s'anima. Quand le dieu Soleil passa devant lui, il le mordit à la cheville et redevint aussitôt une motte de terre. Rê poussa un cri que l'on entendit dans toute la création.

Il claquait des dents et ses jambes vacillaient, car le poison se répandait à flots dans son corps, comme un Nil en crue.

« J'ai été blessé par une funeste créature, murmura le dieu Soleil. Je sais cela dans mon cœur, bien que mes yeux ne le voient pas. Mais le Seigneur de la création n'a pas fait cette créature. Je suis sûr que nul d'entre vous n'aurait pu me faire une chose aussi horrible. Jamais je n'ai ressenti une telle douleur ! Comment est-ce arrivé ? Je suis l'unique Créateur, l'enfant de l'océan primordial. Je suis le dieu aux mille noms, mais mon nom secret n'a été prononcé qu'une fois, avant le commencement des temps. Depuis, il est resté caché dans mon corps, afin que personne ne puisse l'apprendre et que personne ne puisse me soumettre à un sortilège. Pourtant, quelque chose m'a frappé alors que je parcourais mon royaume, et voilà que mon cœur est en feu et que mes membres tremblent. Qu'on aille quérir l'Ennéade ! Qu'on aille quérir mes enfants ! Ils sont versés dans l'art de la magie, et leur savoir pénètre les cieux. »

Les messagers coururent chercher les grands dieux. Des quatre piliers du monde vinrent les dieux de l'Ennéade : Shou et Tphénis, Geb et Nout, Seth et Osiris, Isis et Nephthys. Les envoyés sillonnèrent la terre, le ciel et l'océan pour convoquer toutes les divinités créées par Rê. Des marécages vinrent Hehet à tête de grenouille, Ouadjet la déesse-cobra et Sobek le terrible dieu-crocodile. Du désert vinrent Selkis, la fougueuse déesse-scorpion, Anubis, le chacal qui gardait les morts, et Nekhabit la déesse-vautour. Des grandes villes du Nord vinrent la belliqueuse Neïth, la douce Bastet à tête de chat, la farouche Sekhmet à tête de lion et Ptah, le dieu des arts. Des grandes villes du Sud vinrent Onouris le divin chasseur et Khnoum, le dieu à tête de bélier, avec sa femme Anoukis et sa fille Satis. L'habile Thot et la savante Seshat, le viril Min et Renenoutet, la déesse des moissons, la bienveillante Meskhenet et la monstrueuse Thouéris, tous vinrent auprès du dieu Soleil.

Les dieux et les déesses se rassemblèrent autour de Rê en pleurant et en gémissant, car ils craignaient de le voir mourir. Isis était là aussi, qui se frappait la poitrine et faisait semblant d'être aussi affligée que les autres divinités.

« Père de toutes choses, dit-elle, qu'est-il arrivé ? Aurais-tu été mordu par un serpent ? Quelque misérable créature aurait osé s'en prendre à son Créateur ? Rares sont les dieux qui peuvent rivaliser de sagesse avec moi, et je suis la déesse de la magie. Si tu me permets de t'aider, je suis sûre que je pourrai te guérir. »

Rê exprima sa gratitude à Isis, et il lui raconta ce qui s'était passé.

« Maintenant, je suis plus froid que l'eau et plus chaud que le feu, dit le dieu Soleil. Mes yeux s'obscurcissent, je ne vois même plus le ciel. Et mon corps est baigné des sueurs de la fièvre.

— Dis-moi ton nom tout entier, dit la perfide Isis. Ainsi je pourrai prononcer des formules magiques. Dans l'ignorance de ce nom, le plus grand des magiciens ne pourrait rien pour toi.

— Je suis celui qui a fait le ciel et la terre, dit Rê. J'ai créé les sommets et les profondeurs, j'ai mis l'horizon à l'est et à l'ouest. J'ai établi les dieux dans leur gloire. Quand j'ouvre les yeux il fait jour et quand je les ferme il fait nuit. Le puissant Nil déborde quand je l'ordonne. Les dieux ne connaissent pas mon vrai nom, mais je suis celui qui fait le temps et les jours de fête, j'allume la flamme de vie. Quand je me lève à l'aube, je suis Khépri, le scarabée, et je vogue sur l'océan céleste dans la barque des millions d'années. À midi, je flamboie dans les cieux, car je suis Rê. Et le soir, je suis Rê-Atoum, le soleil couchant.

— Nous savons tout cela, dit Isis, mais pour trouver la formule magique qui pourra chasser le poison de ton corps, je dois me servir de ton nom secret. Dis-moi ton nom, et tu vivras.

— Mon nom secret m'a été donné pour me préserver de la crainte de toute créature vivante, gémit Rê. Comment pourrais-je le révéler ? »

Sans mot dire, Isis s'agenouilla auprès du dieu Soleil. Quand sa douleur devint intolérable, Rê demanda aux autres dieux de s'éloigner un peu et il souffla son nom secret à l'oreille d'Isis.

« Le pouvoir de mon nom secret est passé de mon cœur à ton cœur, dit Rê d'un ton las. Plus tard, tu pourras le donner à ton fils, mais, surtout, dis-lui de ne jamais trahir le secret ! »

Isis hocha la tête et elle commença à psalmodier des incantations qui chassèrent le poison des membres de Rê. Il se redressa, avec une vigueur renouvelée. Le dieu Soleil remonta dans la barque des millions d'années et Isis poussa de grands cris de joie. Elle savait maintenant que son fils Horus monterait un jour sur le trône d'Égypte et qu'il détiendrait le pouvoir de Rê.

# L'Œil-du-Soleil

HATHOR, la fille de Rê, pouvait prendre diverses apparences. Elle pouvait être une vache ou une chatte. Quand elle venait prédire l'avenir des nouveau-nés, elle se présentait à eux sous la forme de sept femmes très belles. Sous sa forme humaine, Hathor était la plus aimable et la plus joyeuse des déesses, mais quand elle revêtait l'apparence de l'Œil-du-Soleil, elle devenait féroce et cruelle. Elle était la protectrice des dieux, mais, quand elle était en colère, même les dieux avaient peur d'elle. Des inscriptions trouvées dans les temples et une légende rédigée vers le IIe siècle de notre ère nous content ce qu'il advint lorsqu'Hathor quitta son pays pour la Nubie.

L'Œil-du-Soleil était jalouse des autres dieux et déesses que Rê avait créés. Elle se brouilla avec son père et elle partit dans le Sud, vers les lointains déserts de la Nubie. La déesse courroucée abandonna sa ravissante forme humaine pour prendre l'apparence d'un chat sauvage ou d'une lionne. Elle vivait de la chasse et elle massacrait toutes les créatures qui passaient à sa portée.

En Égypte, c'était la désolation. En l'absence de la belle Hathor, le rire et l'amour s'étiolaient, la vie était sans joie. De chagrin, le dieu Soleil se voila la face et une ombre s'étendit sur la terre. Personne ne pouvait le consoler de la perte de sa fille bien-aimée. Mais le pire était que, privé du pouvoir de son Œil, Rê était en danger. Les ténèbres encerclaient la lumière, et le chaos menaçait l'ordre.

« Qui me ramènera Hathor ? » demandait Rê. Mais les dieux se taisaient. L'Œil-du-Soleil avait le pouvoir de vie et de mort sur tous les êtres et, quand elle était de si mauvaise humeur, les dieux n'osaient pas l'approcher. Alors Rê appela Thot, le plus sage de tous les dieux, et lui ordonna d'aller en Nubie pour persuader Hathor de revenir en Égypte. Thot obéit à contrecœur. Il était sûr que, si Hathor le reconnaissait, elle le tuerait avant même qu'il ait commencé à parler. Il jugea préférable de se transformer en babouin. Puis il s'éloigna dans le désert, en suivant les traces sanglantes laissées par la déesse.

Quand il la retrouva, Hathor avait la forme d'une chatte sauvage. Assise sur une pierre, elle léchait son pelage fauve. Thot s'avança vers elle et, mettant un genou en terre, il dit humblement :

« Je te salue, fille du Soleil ! »

Hathor fit le gros dos et cracha, mais, comme ce n'était qu'un babouin, elle ne se jeta pas sur lui tout de suite.

« Gracieuse déesse, dit Thot d'une voix hésitante, un modeste singe peut-il se permettre de te parler ?

— Un mot et tu es mort », grommela la chatte sauvage, qui sortait ses griffes.
Le babouin se prosterna et baisa le sol. Puis il murmura : « Ô puissante dame, si tu veux me tuer, je ne peux t'en empêcher, mais souviens-toi de l'histoire de la mère vautour et de la mère chatte.
— Quelle histoire ? demanda Hathor.
— Écoute-moi, dit le rusé Thot, je vais te la raconter. »
La chatte sauvage se remit à sa toilette, apparemment indifférente à la présence du babouin. Mais Thot savait que s'il essayait de s'enfuir elle le saisirait aussitôt dans ses griffes. Il commença son histoire...
« Il était une fois une mère vautour qui couvait ses œufs dans un palmier. Quatre bébés naquirent et, dès qu'ils eurent cassé leur coquille, ils réclamèrent de la nourriture. Mais leur mère ne voulait pas s'éloigner du nid, car elle craignait la chatte sauvage qui vivait sur la colline, près de là. Or, la chatte venait de donner naissance à quatre chatons, et elle ne voulait pas s'éloigner d'eux, par crainte du vautour.
Les petits vautours et les petits chats pleuraient de faim. Si bien que les deux mères décidèrent de conclure un pacte. La mère vautour et la mère chatte jurèrent au nom de Rê de ne pas attaquer les enfants de leur voisine. Alors, l'esprit tranquille, la mère vautour partit chercher des charognes et la mère chatte s'en alla à la chasse.
Tout se passa très bien pendant des semaines, et les bébés grandirent. Les jeunes vautours commencèrent bientôt à essayer leurs ailes et les jeunes chats à jouer sur la colline. Un beau matin, alors que la mère vautour était partie dans le désert, le plus intrépide de ses enfants s'élança hors du nid. Ses ailes n'étaient pas très robustes et ne purent le porter plus loin que la colline, où jouaient les chatons.
Le jeune vautour happa un petit morceau de la nourriture des chatons. Rapide comme l'éclair, la mère chatte bondit sur lui et le roua de coups. Il tenta de remuer ses ailes, mais il s'aperçut qu'il ne pouvait plus voler.
"Je ne reviendrai jamais dans mon nid, dit-il. Mais tu as violé ton serment, et Rê me vengera."
Quand la mère vautour rentra au nid, le bec plein de charogne, elle ne trouva que trois de ses enfants. Elle chercha des yeux celui qui manquait et elle l'aperçut qui gisait sur la colline.
"La chatte n'a pas tenu parole, pensa-t-elle. Ma vengeance ne se fera pas attendre."
Dès que la chatte s'en alla à la chasse, la mère vautour fondit sur les chatons. Elle les tua tous, puis elle les porta dans son nid, pour les donner à manger à ses enfants.
Quand la chatte revint avec le butin de sa chasse, ses chatons avaient disparu. Elle explora toute la colline, mais elle ne trouva rien d'autre que quelques touffes de poils ensanglantés. Alors elle comprit que la mère vautour avait tué ses chatons et elle implora la vengeance de Rê :
"Ô dieu juste et puissant ! La mère vautour a violé son serment ; elle a tué mes enfants. Rê, exauce ma prière, et que celle qui s'est parjurée soit châtiée !"
Le dieu Soleil écouta sa prière. Il fut très fâché d'apprendre qu'un serment prêté sur son nom avait été violé. Puisque la mère vautour s'était vengée toute seule en tuant les chatons, Rê ordonna à un divin messager de lui infliger un châtiment.
Le lendemain, la mère vautour cherchait de la nourriture dans le désert lorsqu'elle vit un chasseur solitaire qui faisait cuire un quartier de viande sur un feu de bois. Elle fondit, saisit le morceau de viande entre ses griffes, et le rapporta triomphalement à son nid. Elle le laissa tomber au milieu de ses enfants toujours affamés. Mais quelques braises ardentes étaient restées accrochées à la viande et, en touchant les brindilles sèches, elles mirent le feu au nid. La mère vautour tournoyait désespérément au-dessus de son nid en flammes, où ses enfants étaient brûlés vifs. Alors, la chatte vint au pied de l'arbre incendié et, levant la tête vers la mère vautour, elle lui dit :
"Tu as tué mes chatons, et maintenant, grâce à Rê, tes enfants sont morts et je suis vengée !"
Ainsi, conclut Thot, toutes deux avaient violé leur serment et toutes deux furent punies. Rê voit tout, et il entend tout. Il punit tous les crimes. Gloire à Rê qui donne la vie à toutes choses et dont la lumière garde la terre en sainte joie ! Le Nil monte pour lui faire un manteau. Le vent du nord et le vent du sud soufflent à son commandement, quand il traverse le ciel d'en haut et le ciel d'en bas. Il règne du plus haut du firmament au plus profond de l'océan. Gloire au dieu Soleil et gloire à Hathor, sa fille ! »
La déesse réfléchit longuement à cette histoire, et elle pensa à son père si juste et si puissant. Voyant que le moment était favorable, Thot se rapprocha un peu.
« Je t'ai apporté de la nourriture divine, qui

vient du palais du dieu Soleil, dit-il. Ces herbes merveilleuses donnent la joie et la santé à quiconque les savoure. »

Il tendit le bouquet d'herbes à Hathor et le parfum suave allécha la chatte sauvage. Elle mangea la nourriture divine. Immédiatement, toute sa colère s'évanouit.

« Ces herbes ont poussé en Égypte, reprit Thot, sur la terre qui a émergé des eaux de Noun, la terre façonnée par le Créateur pour les dieux et les hommes, le pays de Rê, ton père bien-aimé, et de Shou, ton frère chéri. Est-il un seul être au monde qui n'éprouve la nostalgie de son pays ? Même les roches et les plantes s'accrochent à leur sol natal. Les animaux passent toute leur vie près de la tanière où ils sont nés. Et le destin accorde aux hommes qu'il protège le privilège de vivre, mourir et être enterrés dans leur lieu de naissance. Que pourrait-on désirer de plus ? Comment peut-on goûter le bonheur et la paix dans une terre étrangère ? »

Depuis qu'elle menait une vie de bête sauvage dans le désert, Hathor avait oublié son pays et sa famille, mais les paroles de Thot lui remirent en mémoire son père, son frère, et les temples où les hommes l'adoraient à l'égal de la plus grande des déesses. Soudain, un profond chagrin l'envahit et elle versa un déluge de larmes.

Thot la regarda un moment, puis il dit tout doucement :

« Ô noble dame, tu languis d'être si loin de ton pays, mais pense aux larmes que l'Égypte a versées pour toi ! Quand tu n'es pas là, les temples sont vides et silencieux. Quand tu n'es pas là, il n'y a plus de musique ni de danse, plus de rires, plus d'ivresse. Quand tu n'es pas là, les jeunes et les vieux se désolent. Mais si tu viens avec moi, les harpes et les tambourins, les luths et les cymbales résonneront à nouveau. L'Égypte chantera, l'Égypte dansera, le Double-Pays sera plus joyeux que jamais. Viens avec moi, viens dans ton pays. En chemin, je te raconterai une autre histoire. Il était une fois un faucon, un vautour et un coucou... »

Thot bondit en avant, certain qu'Hathor allait le suivre. Mais, soudain, la déesse se rendit compte qu'elle s'était laissé entraîner à accepter de retourner en Égypte. Elle était furieuse d'avoir pleuré et, dans un formidable rugissement, elle se transforma en lionne. Sa fourrure couleur de sang semblait crépiter comme un feu, ses yeux étaient plus ardents que le disque solaire et son regard emplit Thot de terreur. Il bondit comme

une sauterelle, se mit à trembler comme une grenouille et à saluer Hathor comme si elle était le soleil.

« Au nom de Rê, je t'en supplie, aie pitié de moi ! Gracieuse déesse, ne me frappe pas avant d'avoir entendu l'histoire des deux vautours ! »

Hathor était curieuse d'entendre cette histoire et sa colère se calma un peu. De nouveau, elle se transforma en chatte sauvage. Thot commença à parler précipitamment...

« Deux vautours vivaient dans les collines du désert. Un jour, le premier dit à l'autre :

"Mes yeux sont plus vifs que les tiens et ma vue plus perçante. Aucune autre créature ailée ne possède le même don que moi.

— Et quel est ce don ? demanda le deuxième vautour.

— De jour comme de nuit, je vois les deux extrémités de la terre. Je vois tout ce qui se passe, du haut du firmament jusqu'au fond des océans.

— Peut-être que ta vue est plus perçante que la mienne, admit l'autre vautour, mais mes oreilles sont plus sensibles que les tiennes et mon ouïe est plus fine. J'entends tous les bruits qui viennent de la terre, du ciel et de la mer. J'entends même la voix de Rê quand il fixe la destinée des créatures de la terre."

Pendant plusieurs jours, les deux vautours discutèrent pour essayer de décider quel don était le plus précieux. Un matin, ils étaient assis sur la

branche d'un arbre mort, quand le deuxième vautour se mit à rire :

"Qu'est-ce qui te fait rire ? demanda son compagnon.

— Je ris de voir comment les chasseurs se font chasser ! Un oiseau qui est de l'autre côté du ciel me raconte ce qu'il vient de voir. Toi, tu n'aurais jamais pu l'entendre, de si loin. Il a vu un lézard attraper une mouche et la manger. Un moment après, un serpent a pris le lézard et l'a avalé.

Après quoi, un faucon a happé le serpent. Mais, comme le serpent était très lourd, ils sont tombés tous les deux dans la mer. Si ta vue est si perçante, dis-moi donc ce qui leur est arrivé."

Le premier vautour leva sa tête chauve pour regarder, par-delà le désert, les rivages des mers lointaines.

"Un poisson a avalé le faucon qui tenait le serpent dans ses griffes. Maintenant, un autre poisson, plus gros, mange le premier... le gros poisson est allé trop près du rivage, un lion vient de le pêcher avec sa patte... Il le mange... Ah !"

Le spectacle était si palpitant que le premier faucon hérissa ses plumes et glissa un peu plus loin sur la branche.

"Un griffon ! Un griffon s'est jeté sur le lion et l'a emporté dans son nid !

— Tu en es sûr ? Est-ce bien la vérité ? demanda le deuxième vautour.

— Si tu ne me crois pas, allons au nid du griffon, tu verras toi-même !"

Les deux vautours s'envolèrent, traversèrent le désert et s'approchèrent du repaire du griffon.

"Regarde, chuchota le premier vautour, il a une tête de faucon et des yeux d'être humain. Il a un corps de lion, des oreilles qui ressemblent à des nageoires de poisson et une queue de serpent."

Les deux oiseaux observèrent le griffon, qui arrachait les derniers lambeaux de chair sur les os du lion, avant de s'envoler vers d'autres lieux.

"Tout ce que nous venons de voir est la manifestation du pouvoir de Rê, dit le premier vautour. Le dieu Soleil remarque même la mort d'une mouche, et celui qui tue doit être tué. La violence répond à la violence. Ce qui est étrange, c'est qu'il ne soit rien arrivé au griffon, alors qu'il a mangé le lion.

— C'est certainement parce que le griffon est le messager de Rê, dit le deuxième vautour. Le dieu Soleil lui a donné le pouvoir de vie et de mort sur toutes les créatures. Rien n'est plus fort que le griffon, sinon la justice de Rê."

Ainsi, noble dame, conclut Thot, c'est ton père qui rend le bien pour le bien et le mal pour le mal. Et il t'a investie de son pouvoir. Tu es l'Œil-du-Soleil, qui exerce sa vengeance. »

Le cœur d'Hathor s'emplit de joie. De nouveau, elle se sentit fière d'être la fille du dieu Soleil.

« Cesse de trembler, je ne vais pas te tuer, promit la chatte sauvage. Tes paroles m'ont ensorcelée, mais je sais que tu ne cherches pas à me faire du mal. Tu as chassé ma peine et ma colère.

— Noble dame, si tu veux me suivre, dit Thot d'une voix timide, je te conduirai en Égypte. Il faudra marcher plusieurs jours.

— Alors partons immédiatement, immédiatement, grommela Hathor, et plus de bavardages ! »

Le babouin partit en direction de l'Égypte, suivi à quelques pas par la chatte sauvage. Thot craignait encore qu'elle se remette en colère. Il commença une autre histoire...

« Deux chacals qui vivaient dans le désert étaient des amis très dévoués. Ils chassaient de concert, ils mangeaient et buvaient ensemble, et ils partageaient le même coin d'ombre. Un jour, alors qu'ils se reposaient au pied d'un arbre du désert, ils virent arriver un lion. Les deux chacals restèrent immobiles. Très étonné, le lion rugit :

"Avez-vous perdu l'usage de vos jambes ? Ne m'avez-vous pas vu venir ? Pourquoi n'avez-vous pas fui ?

— Seigneur lion, répondirent les chacals, nous t'avons vu arriver, plein de rage, et nous avons décidé de ne pas bouger. De toute façon, tu nous aurais rattrapés. Alors, pourquoi nous fatiguer avant de nous faire manger ?''

Les puissants ne s'irritent jamais d'entendre la vérité. Cette réponse franche amusa le lion, qui laissa les deux chacals.

Je t'ai dit la vérité et rien que la vérité, dit Thot. Tu m'as laissé la vie sauve, et maintenant, nous pouvons aller ensemble en Égypte, je te protégerai.

— Toi, me protéger ? L'Œil-du-Soleil n'a pas besoin de la protection d'un babouin !

— Le faible peut parfois secourir le fort, rétorqua le sage Thot. Rappelle-toi l'histoire du lion et de la souris.

— Quelle histoire ? » demanda Hathor.

Sur le chemin qui les conduisait en Égypte, Thot raconta l'histoire à Hathor...

« Il était une fois un lion qui vivait dans les collines du désert. Il était si gros et si fort et si féroce que tous les autres animaux avaient peur de lui. Or, un jour, ce lion découvrit une panthère qui gisait sur le sol, plus morte que vive. Sa fourrure était toute déchirée et le sang coulait de ses profondes blessures. Le lion croyait pourtant qu'il était le seul à pouvoir être plus fort qu'une panthère.

''Que s'est-il passé ? demanda-t-il. Qui a pu te faire ça ?

— Un homme, soupira la panthère. Il n'y a pas de créature plus maligne que l'homme. Puisses-tu ne jamais tomber entre ses mains !''

Le lion n'avait jamais entendu parler de cette bête appelée homme, mais il s'indigna qu'une créature ait pu infliger de telles blessures juste pour s'amuser. Il décida de traquer l'homme et il partit dans la direction indiquée par la panthère.

Après une heure de marche, le lion rencontra un mulet et un cheval attachés ensemble, avec des tiges de métal qui leur meurtrissaient la bouche.

''Qui vous a fait ça ? demanda le lion.

— L'homme qui est notre maître, répondit le cheval.

— L'homme est donc plus fort que vous deux ensemble ?

— Seigneur lion, dit le mulet, il n'y a pas de créature plus maligne que l'homme, puisses-tu ne jamais tomber entre ses mains !''

Cela ne fit que redoubler l'indignation du lion. Il était bien décidé à retrouver et à tuer cette cruelle créature appelée homme. Il rencontra bientôt une vache et un bœuf attachés par une corde. On avait scié leurs cornes et percé leur museau avec des anneaux de métal. Quand le lion demanda qui avait fait cela, il obtint la même réponse : c'était l'homme, la plus maligne de toutes les créatures.

Un peu plus loin, le lion vit un gros ours qui avançait vers lui en traînant la patte. En s'approchant, il put constater que l'ours n'avait plus de griffes ni de dents.

''Qui t'a fait ça ? demanda le lion. Assurément, l'homme n'est pas plus fort que toi.

— C'est vrai, gémit l'ours, mais il est plus malin. Je l'ai capturé pour le mettre à mon service et il m'a dit : ''*Mon maître, tes griffes sont si longues qu'elles te gênent pour prendre ta nourriture, et tes dents sont si longues qu'elles te gênent pour mettre ta nourriture dans ta bouche. Laisse-moi te les tailler un peu, et tu pourras manger deux fois plus.*'' Je l'ai laissé faire et il m'a arraché les griffes et limé toutes les dents. Après, il n'avait plus peur de moi. Alors, il m'a jeté du sable dans les yeux et il s'est enfui en riant.''

Le lion était de plus en plus furieux. Il se mit à courir et il rencontra bientôt un autre lion, qui avait une patte coincée dans le tronc d'un palmier.

''Que s'est-il passé ? demanda le premier lion. Qui t'a fait ça ?

— L'homme, grogna le deuxième lion. Méfie-toi de lui, ne lui fais jamais confiance ! L'homme est méchant. J'ai pris un homme pour en faire mon serviteur et, comme il avait l'air bien faible, je lui ai demandé ce qu'il pourrait faire. Il a prétendu qu'il pouvait me fabriquer une amulette qui me rendrait immortel. Il m'a dit : ''*Suis-moi, je vais transformer cet arbre en amulette. Si tu fais tout ce que je te dis, tu auras la vie éternelle.*'' Nous sommes venus près de cet arbre. Avec une scie, il a taillé une fente dans le tronc, puis il a écarté les bords de la fente et il m'a demandé d'y glisser ma patte.

Alors, il a laissé la fente se refermer sur ma patte et je ne pouvais plus la retirer. L'homme m'a jeté du sable dans les yeux avant de s'enfuir en riant. Et moi, je vais mourir de faim.''

Le premier lion proféra une terrible menace :

''Homme ! Je te retrouverai ! Je te ferai subir toutes les souffrances que tu as infligées aux autres créatures !''

Il se remit en route et, tout à coup, il aperçut une petite souris qui se trouvait sur son passage. Il leva la patte pour l'écraser, mais elle s'écria d'une petite voix aiguë :

''Seigneur lion, ne m'écrase pas ! Tu ne ferais même pas une bouchée de moi, et tu n'en trouverais pas le goût. Laisse-moi la vie sauve ; peut-être qu'un jour je pourrai te rendre ton bienfait. Épargne-moi et je t'aiderai quand tu en auras besoin.

— Ha, ha ! Comment une petite souris pourrait-elle aider le plus fort de tous les animaux ? De toute façon, je ne risque pas d'avoir besoin d'aide, personne n'est assez puissant pour m'attaquer.

— Seigneur lion, insista la petite souris, les faibles sont parfois utiles aux forts.''

Et elle jura qu'elle serait toujours l'amie du lion. Il se moqua, mais comme la souris était vraiment trop petite pour être bonne à manger, il lui laissa la vie sauve.

Cependant, l'homme avait entendu le formidable rugissement du lion. Il lui prépara un piège : il creusa une fosse profonde, fabriqua un filet très solide avec des lanières de cuir, tendit le filet sur la fosse et recouvrit le tout avec de l'herbe. Ce soir-là, le lion arriva devant le piège, continua à avancer parce qu'il ne se doutait de rien, et tomba dans la fosse.

Il se débattit pendant des heures, mais en vain : il était pris dans le filet. Vers minuit, le lion, épuisé, décida d'attendre que l'homme vienne vers lui. Il le tuerait à ce moment-là. Soudain, une petite voix aiguë se fit entendre :

“Seigneur lion, c’est moi, la petite souris dont tu as épargné la vie. Je viens à ton secours. Est-il rien de plus beau qu’une bonne action récompensée ?”
La petite souris entreprit de ronger les lanières de cuir. Cela dura des heures et enfin, peu avant l’aube, la dernière lanière céda. Le lion se redressa et s’ébroua pour se dégager du filet. La petite souris se mit dans la crinière du lion et tous deux repartirent dans le désert. Le lion avait renoncé à traquer l’homme.
Il avait appris deux choses : les puissants se heurtent toujours à plus puissants qu’eux, et les faibles peuvent être utiles aux forts », conclut Thot.
Hathor comprenait la morale de cette histoire et elle éprouva davantage de respect pour le babouin. Mais elle ne semblait pas pressée de rentrer en Égypte. Quand ils arrivèrent aux limites du désert, elle s’attarda sous les dattiers, les figuiers-sycomores et les caroubiers, en s’extasiant devant leurs fruits. Le babouin grimpa à un arbre pour essayer d’apercevoir l’Égypte. Il goûta un fruit et le trouva bon, tout en faisant remarquer que les fruits des arbres d’Égypte étaient bien meilleurs. Et ils se remirent en marche.

Ils franchirent bientôt la frontière d’Égypte. Les gens se précipitaient pour honorer leur déesse. À El Kab, elle leur apparut sous la forme d’un vautour, et dans la ville suivante sous la forme d’une gazelle. À proximité de Thèbes, elle se changea de nouveau en chatte sauvage, mais, avant d’entrer dans la ville, ils s’étendirent pour se reposer un peu. Hathor s’endormit et Thot resta éveillé, pour faire le guet.
Les ennemis de Rê étaient fort mécontents du retour de l’Œil-du-Soleil. À la nuit tombée, un serpent du chaos s’approcha de la déesse endormie. Il voulait l’empoisonner pour priver Rê de sa protectrice. Mais Thot veillait. Quand il aperçut le serpent venimeux, il réveilla Hathor. La chatte sauvage bondit sur le serpent et lui brisa l’échine. Elle remercia le babouin de l’avoir avertie, en songeant à l’histoire de la souris qui avait sauvé le lion.
Le lendemain matin, ils entrèrent dans Thèbes. La ville entière était en liesse. Il y eut une grande fête dans le temple de Mout, une fête de sept jours, avec des festins, de la musique, de la danse et beaucoup de rires. Hathor était si heureuse qu’elle se transforma en une femme pleine de grâce et de beauté. Puis elle repartit vers le nord, en compagnie du babouin.
Dans la ville sacrée d’Héliopolis, Rê et sa fille se trouvèrent réunis et, quand ils s’embrassèrent, la terre se souleva de joie. Tous les dieux et toutes les déesses célébrèrent le retour d’Hathor dans la maison du Sycomore, à Memphis.
Thot reprit sa forme habituelle et Hathor le reconnut enfin. Il s’assit auprès d’elle à la table du banquet. Rê rendit hommage à la sagesse de Thot, qui avait si bien accompli sa mission.

# La colère de Rê

SUR LES MURS des tombes royales et sur le cercueil doré qui contenait la momie de Toutankhamon, était gravé le *Livre de la vache divine,* qui raconte comment une colère de Rê faillit détruire l'humanité...
Rê était très âgé. Ses os étaient comme de l'argent, sa peau comme de l'or longuement poli et ses cheveux comme du lapis-lazuli. Quand ils virent que leur roi était devenu vieux et faible, les Égyptiens commencèrent à murmurer contre lui. Peu à peu les murmures se transformèrent en complots pour s'emparer du trône. Les comploteurs se réunissaient clandestinement aux confins du désert. Ils se croyaient en sécurité, mais l'Œil-du-Soleil, qui veillait sur l'Égypte, voyait les traîtres et écoutait ce qu'ils disaient.
Rê était si triste qu'il souhaitait retourner bien vite dans l'océan primordial. Il était aussi plus courroucé qu'il ne l'avait jamais été. Il dit à ses serviteurs rassemblés autour de son trône :
« Faites venir ma fille, l'Œil-de-Rê ; allez quérir Shou et Tphénis et leurs enfants, Geb et Nout ; amenez-moi la sombre Ogdoade, les Huit qui étaient avec moi dans l'océan primordial ; faites venir Noun lui-même ! Mais qu'ils viennent en grand secret. Si les traîtres apprenaient que j'ai réuni un conseil des dieux, ils comprendraient qu'ils ont été démasqués et ils essaieraient d'échapper à leur châtiment. »
Les serviteurs de Rê s'empressèrent d'obéir. Les grands dieux et les grandes déesses arrivèrent l'un après l'autre et s'introduisirent en catimini dans le palais. En s'inclinant devant le trône de Rê, ils demandèrent pourquoi on les avait convoqués avec tant de hâte et de précautions. Alors, le roi des dieux s'adressa à Noun, le seigneur de l'océan primordial, et aux autres divinités :
« Ô toi qui existais avant le commencement des temps, et vous, les dieux des premiers temps, j'ai pleuré et les hommes sont nés de mes larmes. Je leur ai donné la vie, mais maintenant ils sont fatigués de mon pouvoir et ils complotent contre moi. Que dois-je faire ? Je ne veux pas détruire les enfants de mes larmes avant d'avoir entendu vos sages conseils. »
Noun parla le premier :
« Mon fils, tu es plus âgé que ton père, plus grand que le dieu qui t'a créé. Puisses-tu régner à jamais ! Les dieux et les hommes craignent l'immense pouvoir de l'Œil-de-Rê. Dirige ce pouvoir contre les rebelles ! »
Rê promena son regard sur l'Égypte et il dit :
« Les comploteurs sont déjà loin dans le désert. Ils ont peur de la

punition que je pourrais leur infliger si j'apprenais leurs manigances. »
Alors tous les dieux s'écrièrent d'une seule voix : « Envoie l'Œil-de-Rê à leur poursuite ! Que l'Œil-de-Rê aille les exterminer ! Toute l'humanité est coupable. Demande à Hathor de détruire les enfants de tes larmes ! »
Hathor, l'Œil-du-Soleil, belle et redoutable déesse, s'inclina devant le trône, et Rê hocha la tête. Là-dessus, Hathor descendit dans le désert en rugissant comme une lionne. Les comploteurs s'enfuirent de tous côtés, mais aucun d'entre eux ne put lui échapper. Elle les tua tous, et elle s'abreuva de leur sang. Puis l'impitoyable Hathor commença à dévaster les villes et les villages, massacrant les hommes, les femmes et les enfants. Rê entendit les plaintes et les prières des mourants, et il eut pitié des enfants de ses larmes.
À la nuit tombée, Hathor revint triomphalement auprès de son père. Rê essaya d'apaiser la fureur de sa fille, mais elle avait goûté le sang des hommes et elle s'en était délectée. Il lui tardait de repartir en Égypte pour parachever l'extermination de l'humanité. Son père serait de nouveau un souverain incontesté... mais il n'aurait plus de sujets à gouverner !
Le dieu Soleil se demandait comment soustraire le reste de l'humanité à la fureur de sa fille sans renier ses paroles royales. Soudain, il eut une idée. Il ordonna à ses serviteurs de courir plus vite que des ombres dans la ville d'Abou, et de lui rapporter autant de terre d'ocre qu'ils pourraient en trouver là-bas. Dès que les serviteurs revinrent avec des paniers chargés de terre rouge, il les envoya chercher le grand prêtre de Rê à Héliopolis et les esclaves qui travaillaient dans son temple. Rê demanda au grand prêtre de broyer la terre pour faire de la teinture et aux esclaves de brasser de la bière. Le grand prêtre broya jusqu'à en avoir mal aux bras, les esclaves brassèrent toute la nuit et remplirent sept mille cruches de bière. Peu avant l'aube, ils mélangèrent la bière et la teinture. On aurait dit du sang.
« Avec cette potion soporifique, dit le roi des dieux, je peux sauver le reste de l'humanité. »
Alors Rê fit porter les cruches dans le village où Hathor allait commencer son massacre, et il ordonna à ses serviteurs d'inonder les champs avec la bière rouge.
Dès le lever du jour, Hathor descendit en Égypte pour débusquer les derniers survivants. La première chose qu'elle vit fut la grande mare de sang. La déesse se mit à patauger dans le liquide rouge, ravie de voir son image se refléter à la surface. Elle se baissa pour laper un peu de sang et le trouva si bon qu'elle le but jusqu'à la dernière goutte.
La bière était forte et bientôt la déesse se sentit étrangement heureuse. Sa tête tournait, elle ne savait plus pourquoi elle était descendue en Égypte. Prise d'une torpeur béate, elle rentra en titubant au palais de son père et elle s'effondra aux pieds de Rê, endormie.
« Bienvenue, aimable Hathor, dit Rê d'un ton solennel. L'humanité n'oubliera pas la façon dont elle a été sauvée. Elle boira de la bière forte chaque fois qu'elle célébrera une fête en ton honneur. »
À partir de ce jour-là, Hathor allait devenir la déesse de l'ivresse et les gens auraient le droit de s'enivrer autant qu'ils le voudraient à chaque fête de la fille de Rê.
Mais Rê était toujours aussi triste que l'humanité ait voulu se rebeller contre lui. Plus rien désormais ne pourrait être comme avant. L'âge d'or était fini. Hathor dormit plusieurs jours, et, quand elle se réveilla, Rê lui demanda :
« As-tu mal à la tête ? As-tu les joues en feu ? Es-tu malade ? »
À peine avait-il prononcé ces mots que la maladie commença à exister en Égypte.
Puis le dieu du Soleil réunit un deuxième conseil des dieux. Il dit :
« Mon cœur est trop triste et trop las pour que je reste sur le trône d'Égypte. Je suis vieux et faible, laissez-moi retourner dans l'océan primordial en attendant que vienne l'heure de ma renaissance !
— Shou, protège ton père, dit Noun, et toi, Nout, porte-le sur ton dos.
— Comment pourrais-je porter le roi des dieux ? » demanda la douce Nout.
Noun lui dit de se transformer en vache. Rê monta sur la vache divine aux flancs dorés, et il s'éloigna de l'Égypte.

# Le meurtre d'Osiris

QUAND LE DIEU Soleil décida de quitter l'Égypte, les gens qui avaient échappé à la fureur d'Hathor devinrent peureux et irascibles. Comme l'obscurité s'étendait sur la terre, chacun se mit à accuser son voisin. Les hommes fabriquèrent les premières armes et ils attaquèrent tous ceux qu'ils soupçonnaient d'être des ennemis du dieu Soleil. Rê se retourna pour regarder l'Égypte et il comprit que désormais il y aurait toujours en Égypte des hommes qui tueraient d'autres hommes. D'une voix infiniment triste, il dit à la vache divine :
« Emmène-moi bien loin des hommes, mais à un endroit où je puisse encore les voir. »
Alors le corps de la vache divine devint la voûte céleste au-dessus de la terre. Rê fit les étoiles et il en parsema le ventre de Nout. Puis le roi des dieux créa le Champ de paix et le Champ des roseaux pour qu'ils servent de demeures aux morts bienheureux. Mais, à force de rester si haut dans le ciel, Nout commençait à trembler. Rê créa les dieux crépusculaires pour la soutenir et il demanda à Shou, le dieu de l'air, de se tenir entre le ciel et la terre.
Après quoi Rê appela Thot à ses côtés.
« Je brillerai dans le firmament, lui dit-il, et j'illuminerai le ciel d'en haut et le ciel d'en bas. Tu devras être mon représentant sur la terre, pour tenir le registre des actions humaines. »
Il donna à Thot la forme d'un ibis, et il lui confia les grands livres. Quand Rê éclaira le ciel d'en bas, la terre fut plongée dans les ténèbres. Les hommes, effrayés, pleurèrent la disparition du dieu Soleil. Rê les entendit et il transforma Thot en grand babouin blanc. Thot brillait d'une lumière argentée et l'humanité n'avait plus peur lorsque le soir tombait, parce que Rê avait créé la lune. Ainsi, Thot à tête d'ibis était le scribe des dieux et Thot le babouin brillait dans le ciel nocturne, témoignant de la miséricorde de Rê pour les enfants de ses larmes.
Enfin, Rê ordonna à Noun et à Geb de protéger la terre contre les serpents du chaos. Il nomma Osiris et Isis roi et reine d'Égypte. Osiris fut un souverain plein de sagesse et de bonté qui enseigna l'agriculture au peuple d'Égypte, lui donna des lois et lui apprit à connaître et à vénérer les dieux. Il fit de longs voyages pour aller apporter les mêmes bienfaits à d'autres pays.
Seth était jaloux. Il espérait s'emparer du trône d'Égypte pendant l'absence de son frère. Mais Isis était restée pour gouverner son pays. Elle savait qu'elle devait se méfier de Seth et elle le surveillait comme

une mangouste qui guette un serpent. Quand Osiris revint en Égypte, dans l'allégresse générale, Seth affecta une grande gaieté. Il avait déjà commencé à comploter contre son frère. Il avait trouvé des hommes cupides et haineux qui étaient prêts à l'aider. Seth attendit patiemment l'occasion favorable. Enfin, il fut invité au palais de son frère pour assister à un grand banquet, un soir où, justement, Isis ne serait pas là.

Le généreux Osiris aimait offrir de somptueux festins à toute sa cour, et les complices de Seth étaient parmi les invités. Dès le début de la soirée, Seth commença à parler d'un coffre qu'il venait de se faire fabriquer, et un peu plus tard, alors que le vin passait de main en main autour de la table, Seth envoya chercher le coffre. Les invités admirèrent la finesse du bois et la richesse des dorures. Alors Seth déclara qu'il donnerait ce coffre à quiconque y tiendrait exactement.

Les invités se pressèrent. Chacun voulut tenter sa chance, mais les uns étaient trop grands, les autres trop petits. Seth savait que seule une personne tenait exactement dans le coffre, car il l'avait fait faire d'après les mesures de son frère. Les conspirateurs persuadèrent Osiris d'essayer à son tour.

Osiris ne se méfia pas le moins du monde. Il s'allongea dans le coffre et tous les invités purent constater que sa tête, ses épaules et ses pieds touchaient juste les bords du coffre. Il n'était ni trop grand ni trop petit. Dans l'assistance, on s'amusait beaucoup à l'idée que Seth, qui était si jaloux de son frère, allait lui faire un magnifique cadeau ! Osiris lui-même souriait. Il allait parler quand son frère fit un signe à ses complices, referma le couvercle du coffre et serra les verrous. Tandis que les conspirateurs tenaient les invités à distance, Seth scella le coffre avec du plomb fondu. Osiris mourut étouffé.

Les conspirateurs transportèrent le coffre sur la rive d'un des bras du Nil et ils le jetèrent dans le fleuve pour qu'il aille se perdre dans la mer. Seth fit annoncer que son frère était mort et qu'il était le nouveau roi.

Quand Isis apprit cette horrible nouvelle, elle faillit devenir folle de chagrin. Elle coupa une boucle de ses cheveux et elle revêtit les sombres habits d'une veuve. Puis elle partit à la recherche du corps de son époux. Les rumeurs allaient bon train, mais il était impossible d'obtenir un seul renseignement précis. Isis allait de village en village, interrogeant tous ceux qu'elle rencontrait. Enfin, des enfants lui dirent qu'ils avaient vu des

hommes jeter le coffre dans le Nil.

La déesse suivit le bras du fleuve jusqu'à l'embouchure. Chaque jour ou presque, elle rencontrait quelqu'un qui avait vu flotter quelque chose de doré sur les eaux du Nil. Puis Isis longea la côte et elle finit par arriver au royaume de Byblos. Là, les villageois, tout contents de parler à une étrangère, lui racontèrent qu'un arbre miraculeux avait soudain poussé sur le rivage.

Le cercueil d'Osiris avait échoué entre les racines d'un jeune arbrisseau qui, en une seule nuit, était devenu un grand arbre majestueux. Quand le roi de Byblos avait entendu parler de ce prodige, il avait demandé à ses menuisiers de couper l'arbre et d'en faire une belle colonne pour le palais. Les menuisiers avaient obéi, et personne ne se doutait que la colonne contenait le cercueil d'un dieu.

Isis se rendit dans la ville de Byblos et elle s'assit auprès d'une fontaine, à quelques pas du palais. Quand les servantes de la reine de Byblos vinrent puiser de l'eau à la fontaine, elles virent Isis et lui demandèrent qui elle était. La déesse répondit simplement qu'elle était égyptienne et qu'elle connaissait très bien l'art de la coiffure. Là-dessus, Isis se mit à tresser d'une main experte les cheveux des servantes, en soufflant sur leur visage pour les imprégner de parfum divin.

Lorsque les jeunes filles revinrent au palais, tout le monde admira leurs ravissantes coiffures et leur merveilleux parfum. Elles parlèrent à leur maîtresse, la reine Athénaïs, de la jeune femme égyptienne qu'elles avaient rencontrée près de la fontaine. On alla chercher Isis, et la déesse tressa les cheveux de la reine. Athénaïs en fut si enchantée qu'elle demanda à Isis de rester au palais. Bientôt, Isis gagna la sympathie de la reine et elle devint la gouvernante du plus jeune des deux princes de Byblos.

Chaque nuit, quand tous les hôtes du palais étaient endormis, Isis allait voir la colonne qui renfermait le cercueil de son mari et elle pleurait

doucement. Dans la journée, elle s'occupait du jeune prince.
Isis s'était prise d'une grande affection pour le bébé, et elle décida de le rendre immortel. Une nuit, elle le conduisit dans la pièce où se trouvait la colonne et elle alluma un feu. La déesse murmura des paroles magiques, puis elle déposa le bébé dans les flammes. Le feu commença à brûler la nature humaine du petit prince cependant qu'Isis, transformée en hirondelle, voletait autour de la colonne en gémissant.
La reine Athénaïs, qui dormait dans une chambre voisine, fut réveillée par les crépitements du feu. Elle se leva pour aller voir d'où venait le bruit. Elle ouvrit la porte de la pièce où était la colonne, et elle poussa un cri d'épouvante en voyant son enfant dans les flammes. Aussitôt, l'hirondelle redevint une femme et les flammes s'éteignirent. Isis révéla sa véritable identité à la reine et l'avertit que le petit prince ne pourrait plus jamais être immortel.
Athénaïs pleura d'avoir commis une telle erreur ; elle voulait servir la déesse et elle accepta de lui donner la colonne. Isis détacha la colonne du plafond aussi facilement que si elle cueillait un lotus ; elle la découpa en planches pour dégager le cercueil ; elle versa de l'huile sur les planches, les enveloppa dans de la toile de lin et les confia à la reine en lui demandant de les conserver au temple de Byblos.
On donna à Isis le meilleur bateau du port, avec son équipage et on fit monter le cercueil à bord. Le fils aîné du roi et de la reine participait lui aussi à ce voyage, pour honorer la déesse et le dieu assassiné.
Quand ils abordèrent les rivages d'Égypte, Isis fit porter le cercueil dans un endroit solitaire. Elle l'ouvrit et embrassa le corps de son mari, qui semblait endormi, en sanglotant.
Isis referma le coffre et continua sa route à pied, à travers les marécages. Une nuit, Seth vint à chasser dans le marais et il découvrit le coffre-cercueil. Il le reconnut immédiatement et il eut une grande frayeur. Comme Isis dormait, le dieu cruel ouvrit le cercueil, déchiqueta le cadavre de son frère et dispersa les morceaux dans toute l'Égypte, afin qu'Isis ne puisse jamais les retrouver.
Quand la déesse trouva le cercueil vide, ses cris de détresse montèrent jusqu'aux cieux. Sa sœur Nephthys accourut aussitôt. Car Nephthys avait toujours éprouvé beaucoup plus d'amour pour Isis et Osiris que pour Seth, qui était pourtant son mari. Les deux sœurs partirent donc ensemble à la recherche du corps d'Osiris. Durant de longues et tristes années, la fidèle Isis et la douce Nephthys parcoururent toute l'Égypte. Partout où elles trouvaient un morceau du corps d'Osiris, elles dressaient un autel.
Enfin, elles purent rassembler tous les fragments. Isis prononça de puissantes paroles magiques pour reconstituer le corps de son époux, puis les deux sœurs se transformèrent en faucons et elles ombragèrent Osiris avec leurs ailes tandis qu'Isis tentait de le faire revenir à la vie.
Isis essaya toutes les incantations qu'elle connaissait, et elle réussit à faire revivre Osiris pour une nuit d'amour au cours de laquelle fut conçu l'enfant qui leur avait été promis. Après cette nuit, le corps d'Osiris était mort mais son esprit survivait. Rê-Atoum nomma Osiris roi des morts, à la tête du royaume de Bel Occident. Désormais, tous les Égyptiens savaient qu'ils n'avait plus à craindre la mort, car leurs esprits continueraient à vivre dans le royaume d'Osiris.
Horus à tête de faucon, le fils d'Isis et d'Osiris, était né dans le marais de Chemnis, où il passa son enfance. De nombreuses légendes nous content les périls qu'il eut à affronter. L'une d'elles était gravée sur une statue représentant Horus en train d'étrangler des serpents et des scorpions et d'écraser des crocodiles sous ses pieds. Les Égyptiens croyaient qu'en buvant l'eau versée sur la statue d'Horus quiconque avait été mordu par un serpent ou par un scorpion pouvait être guéri, comme Horus l'avait été, par le pouvoir des dieux. Cette histoire raconte comment Isis et son bébé tombèrent aux mains de Seth, à la lisière des marais sacrés. Seth enferma Isis et la força à filer du lin à longueur de journée sous une étroite surveillance. La déesse n'osait pas s'échapper avec un bébé encore si petit.
Heureusement, Thot ne tarda pas à découvrir l'endroit où Isis était emprisonnée. Il entra sans se faire remarquer par les gardiens et il parla à Isis.
« Tu dois partir au plus vite, dit-il, pour retourner dans les marais de Chemnis, où Seth ne pourra pas te suivre. Là, tu attendras qu'Horus ait l'âge de monter sur le trône de son père. Alors, justice sera faite ! »
Thot expliqua à Isis comment elle pourrait s'échapper et il lui donna sept scorpions magiques qui veilleraient sur elle durant tout le trajet.
À la nuit tombée, Isis s'enfuit avec son bébé dans ses bras et les scorpions à ses côtés.

Elle marcha toute la nuit, et encore toute la journée. Enfin, elle arriva à un village. Épuisée, elle s'arrêta devant la plus belle maison, en espérant qu'on l'inviterait à entrer. Mais la riche propriétaire de la maison eut très peur en voyant les scorpions et elle claqua la porte au nez d'Isis et de son enfant. La déesse allait passer son chemin, quand la fille d'un pauvre pêcheur ouvrit la porte de sa petite cabane et offrit de partager le peu qu'elle avait.

Tandis qu'Isis dînait de pain bis et de poisson séché, les scorpions, de leur côté, murmuraient contre la riche villageoise. Ils mirent tout leur venin dans l'aiguillon crochu de leur chef Téfen, et le scorpion se faufila dans la maison de la riche villageoise.

Le fils unique de cette femme dormait près de sa nourrice, et la fenêtre de sa chambre était grande ouverte. Téfen grimpa dans le lit, piqua l'enfant et s'enfuit. Le petit garçon poussa un hurlement. La nourrice se réveilla juste à temps pour voir déguerpir un énorme scorpion. Elle appela sa maîtresse et bientôt une grande agitation régna dans toute la maison, comme s'il y avait un incendie ou une inondation. La riche villageoise prit son enfant dans ses bras et courut de maison en maison, mais ses voisins avaient bien trop peur pour lui porter secours.

Quand Isis apprit ce qui s'était passé, elle regarda Horus qui dormait paisiblement sur ses genoux et elle eut pitié de la riche villageoise.

« Il ne sera pas dit que je serai la cause de la mort d'un enfant innocent », dit la déesse.

Elle fit donc appeler la villageoise et son fils. La femme tremblait de peur ; l'enfant était brûlant de fièvre et il avait le souffle court. Isis posa ses mains sur le petit garçon.

« Je suis Isis, dit-elle, je suis la grande magicienne qui se fait obéir de toutes les créatures venimeuses. Que l'enfant vive et que le venin meure ! Puisse Horus être heureux avec sa mère et cet enfant heureux avec la sienne ! »

La fièvre disparut aussitôt. L'enfant respirait normalement et sa peau était bien fraîche. Mais la villageoise était encore plus bouleversée qu'avant, car elle savait maintenant à qui elle avait fermé sa porte. En rentrant chez elle, elle recoucha son fils et elle rassembla tout ce qu'elle possédait de plus beau et de plus précieux. Elle porta tous ces présents à la pauvre cabane de la fille du pêcheur. Isis fut très contente de voir ainsi récompensée la bonté de cette jeune fille.

Dans la matinée, la déesse reprit sa route. Enfin, elle arriva dans le marais de Chemnis, où le jeune dieu serait en sécurité parmi les papyrus et les lotus.

Chaque fois qu'elle devait s'éloigner du marais pour aller chercher de la nourriture, Isis se déguisait en mendiante, mais elle laissait souvent Horus sans surveillance, pensant qu'il ne courait aucun danger.

Un jour, alors qu'Isis revenait dans le marais, son fils ne vint pas à sa rencontre comme il en avait l'habitude. L'enfant doré était étendu dans la boue. De l'eau ruisselait de ses yeux et de sa bouche, son cœur battait faiblement. La déesse psalmodia des incantations, mais comme elle ne connaissait pas le nom de la maladie elle ne put la chasser du corps de son enfant.

Isis était désespérée. Si elle ne pouvait plus compter sur sa magie, où pourrait-elle trouver de l'aide ? Son mari était mort ; son frère était son pire ennemi et sa sœur ne pourrait rien faire. Les dieux étaient tous très loin. Mais il y avait des hommes dans un village de pêcheurs, juste au bord du marais. Isis courut au village en portant Horus dans ses bras.

Les pêcheurs eurent pitié d'Isis comme ils auraient eu pitié de n'importe quelle femme qui aurait eu un enfant malade. Ils essayèrent les remèdes qu'ils connaissaient, mais cela ne fit qu'affaiblir Horus. Alors ils allèrent chercher la sorcière du village. Cette savante femme portait avec elle une très puissante amulette, le signe de vie. Elle prit Horus dans ses bras.

« N'aie crainte, petit Horus, dit-elle, et toi, mère du dieu, ne désespère pas. Dans le marais de Chemnis, Horus est à l'abri de la malveillance de son oncle. Seth n'ose pas y pénétrer ; il a dû envoyer un serpent ou un scorpion pour empoisonner Horus. »

Isis se pencha pour humer l'haleine de son fils. La sorcière avait raison, Horus avait été empoisonné.

Le jeune dieu gémissait de douleur et les villageois le regardaient, immobiles et silencieux, quand soudain Nephthys apparut. Elle avait deviné le chagrin de sa sœur et elle était venue aussitôt, accompagnée de Selkis, la déesse-scorpion. Nephthys pleurait, car elle partageait les souffrances de sa sœur. Cependant, Selkis examina Horus et comprit tout de suite qu'elle ne pouvait rien pour lui. La fièvre s'était emparée du corps de l'enfant. Il allait mourir.

« Isis, il faut que tes cris montent jusqu'aux cieux, dit Selkis. Arrête la barque du Soleil ! Les vents cosmiques cesseront de souffler et ce sera la fin du temps jusqu'à la guérison d'Horus. »

Isis leva les yeux vers la barque des millions d'années et elle cria si fort que la terre entière frissonna. Le Soleil s'arrêta, car Isis connaissait le nom secret de Rê, et cela lui donnait un pouvoir sur le dieu Soleil lui-même.

Quand le roi des dieux s'aperçut que sa barque ne pouvait plus avancer, il demanda à Thot de descendre en Égypte.

« Qu'y a-t-il donc, Isis ? demanda Thot. Pourquoi as-tu arrêté la barque du Soleil et plongé dans les ténèbres les terres qui devraient recevoir le jour ?

— Horus a été empoisonné, répondit Isis. Seth est coupable. Ah ! j'aurais dû mourir avec Osiris ! Si je suis restée vivante, c'était seulement pour voir Horus venger son père.

— Ne pleure pas, Nephthys ! Et toi, Isis, ne t'inquiète pas : je suis venu avec le souffle de vie, pour guérir ton enfant. »

Là-dessus, le dieu très sage commença ses incantations :

« Va-t'en, poison ! Tu dois céder devant le pouvoir de Rê lui-même. Le roi des dieux t'ordonne de sortir de cet enfant. La barque du Soleil ne bougera pas tant qu'il ne sera pas guéri. La moitié de la terre brûlera pendant que l'autre moitié restera plongée dans la nuit. Va-t'en, ô poison, et le Soleil reprendra son cours, et tous les cœurs se réjouiront. »

Le poison commença à quitter le corps d'Horus, et Thot chanta :

« La fièvre est partie, le poison est vaincu ! Horus est guéri, pour le plus grand bonheur de sa mère ! »

Thot ordonna aux créatures du marais de veiller sur l'enfant jusqu'à ce qu'il soit assez grand pour prétendre au trône de son père.

« Rê lui-même veillera sur Horus, promit le dieu très sage, et le pouvoir de sa mère le protégera, car, grâce à elle, il sera aimé de tous. Je dois revenir dans la barque du Soleil parce qu'ils ne peuvent pas ramer sans moi. Il faut que j'annonce à Rê cette bonne nouvelle : Horus est guéri, pour le plus grand bonheur de sa mère. »

Thot s'en retourna dans le ciel, et Isis s'en alla avec son fils dans le marais pour attendre que vienne le temps de la vengeance.

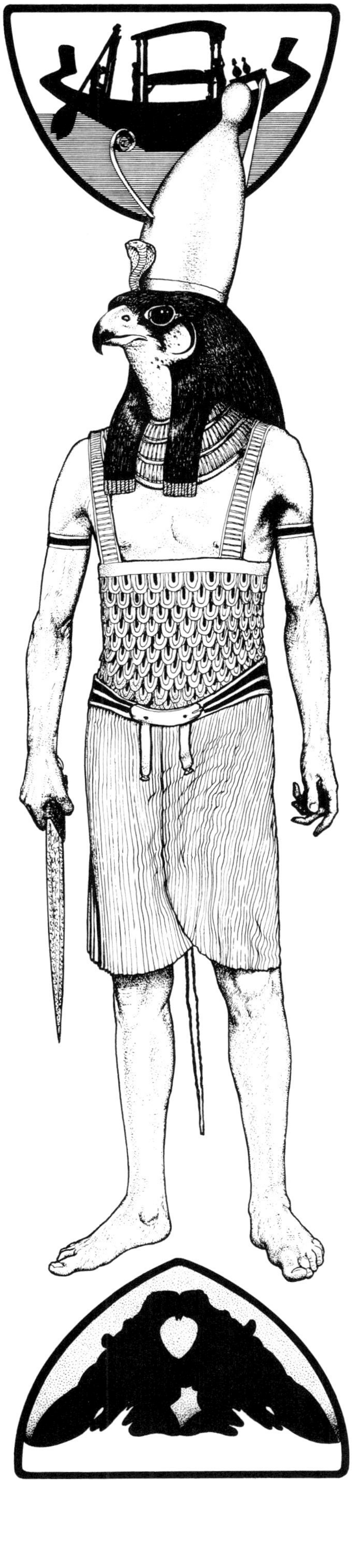

## Le combat d'Horus et de Seth

HORUS GRANDIT. Dès qu'il eut l'âge d'affronter son oncle Seth, il convoqua l'Ennéade et maints autres dieux, et il leur demanda d'être ses juges. Horus leur dit comment Osiris avait été cruellement assassiné et comment Seth avait usurpé le trône d'Égypte. Tous les dieux furent impressionnés par l'éloquence d'Horus à tête de faucon. Shou, le fils aîné du Créateur, parla le premier :
« Le droit prime la force. Seth avait la force de son côté, mais Horus a la justice. Nous devons faire justice à Horus en lui donnant le trône de son père. »
Et Thot dit à l'Ennéade :
« C'est juste, un million de fois ! »
Isis poussa un grand cri de joie, puis elle pria le vent du nord de souffler vers l'occident pour porter la nouvelle à Osiris.
« Toute l'Ennéade juge équitable de donner le trône à Horus », déclara Shou.
Personne n'avait pensé à demander son avis au roi des dieux.
« Que signifie ? grommela Rê-Atoum. L'Ennéade aurait-elle commencé à prendre les décisions toute seule ? »
Shou ne s'était pas aperçu que le visage de son père s'était assombri et il continua d'un ton très assuré :
« Thot donnera le sceau royal à Horus, et nous le coifferons de la couronne blanche. »
Tous les dieux approuvèrent... sauf deux. Le dieu Soleil gardait un silence lourd de menaces et Seth lui-même s'avança soudain, en hurlant :
« S'il y a des contestations au sujet du trône d'Égypte, que ce gringalet ose se mesurer à moi ! Alors, vous verrez comment je l'écraserai !
— Nous savons que ce ne serait pas juste, protesta Thot. Comment pourrions-nous te donner le trône d'Osiris alors que son fils est là devant nous ? Horus est son héritier légitime, nous en avons tous convenu.
— Pas moi », dit calmement le dieu Soleil.
Un silence pesant s'abattit sur l'assemblée. Enfin Shou gémit :
« Qu'allons-nous faire maintenant ? »
Il leur sembla que la meilleure chose à faire était d'appeler Banebded, le très vieux dieu-bélier de Mendès, et de lui demander de se prononcer pour Horus ou pour Seth. Quand le dieu arriva, Rê-Atoum lui dit :
« Prononce-toi entre ces deux jeunes gens, qu'ils cessent leur querelle et nous laissent en paix ! »

Banebded savait qu'Horus était dans son droit, mais il avait peur d'irriter le dieu Soleil.
« Nous ne saurions juger cette affaire sans prendre l'avis de la meilleure conseillère, dit-il. Envoyons une lettre à Neïth, la mère divine. Voyons ce qu'elle en pense. »
Alors les dieux de l'Ennéade dirent à Thot :
« Fais une lettre à Neïth !
— Bien volontiers », répondit le scribe des dieux.
Il noircit la pointe de son roseau, déroula un papyrus et écrivit une belle lettre. Les messagers la portèrent promptement à la déesse, qui répondit aussitôt par une autre lettre. Thot déroula le papyrus et lut la lettre de Neïth à haute voix :
« Donnez le trône d'Osiris à son fils Horus. Il ne serait pas juste d'agir autrement, et le ciel s'écraserait sur vos têtes. Doublez les biens de Seth, donnez-lui deux belles déesses pour femmes, mais qu'il laisse le trône à Horus. »
Tous les dieux s'écrièrent :
« Cette déesse a raison ! »
Le dieu Soleil était très mécontent. Il regarda Horus d'un air méprisant, et il dit :
« Comment cet enfant chétif pourrait-il gouverner l'Égypte ? »
Les autres dieux furent indignés de ces paroles et Baba, le dieu-babouin, se dressa pour dire à Rê-Atoum :
« Ton temple est vide ! Nous ferons comme si tu n'existais pas ! »
Là, les dieux de l'Ennéade se rendirent compte qu'ils allaient trop loin. Ils firent sortir Baba et ils essayèrent de consoler Rê-Atoum. Mais le roi des dieux ne voulut rien entendre. Il se leva sans dire un mot pour aller s'enfermer dans sa tente. Les autres dieux étaient désemparés. Qu'allait-il advenir au monde si Rê-Atoum refusait de traverser le ciel dans sa barque ? Enfin, Hathor, la fille du dieu Soleil, eut une idée. La belle déesse se mit à danser et, tout en dansant, elle ôta tous ses vêtements. Les autres dieux se pressèrent autour d'elle. Ils riaient et ils applaudissaient, tant et si bien que tout ce grand bruit finit par importuner le dieu Soleil. Il risqua un regard hors de la tente et, en voyant danser sa ravissante fille, il oublia sa colère. Le roi des dieux revint s'asseoir auprès de l'Ennéade. S'adressant à Horus et à Seth, il dit :
« Nous allons reprendre l'audience. Que chacun de vous expose son point de vue. »
Seth voulut absolument parler le premier.
« Je suis Seth, le plus fort de l'Ennéade. Quand la barque du Soleil navigue dans le ciel d'en bas, je suis le seul à pouvoir vous défendre contre les serpents du chaos. Je suis le protecteur des dieux : vous devez me donner le trône d'Osiris ! »
L'évocation des effroyables serpents du chaos suscita des remous dans la salle. Certains dieux murmuraient déjà que Seth avait raison, quand Shou et Thot dirent :
« Comment pourrions-nous donner le trône à l'oncle alors que le fils, héritier légitime, est là devant nous ?
— Comment pourrions-nous donner le trône au plus jeune alors que son aîné est là devant nous ? rétorqua Banebded.
— Allez-vous bafouer les droits du sang en présence de l'Ennéade ? » demanda Horus.
Isis était furieuse que les dieux de l'Ennéade ne prennent pas la défense de son fils. Elle protesta avec indignation. Pour l'apaiser, les dieux promirent qu'ils feraient justice à Horus. Évidemment, cela provoqua la colère de Seth.
« Êtes-vous assez lâches pour renier votre parole ? s'écria-t-il. Je prendrai mon grand sceptre et chaque jour j'abattrai l'un d'entre vous. Je jure que je ne plaiderai pas ma cause devant ce tribunal tant qu'Isis sera présente !
— Allons juger cette affaire dans l'île du Milieu, proposa Rê-Atoum. Je dirai à Nemty le passeur de ne pas faire traverser Isis, ni aucune femme qui pourrait être Isis. »
L'Ennéade et tous les autres dieux et déesses traversèrent le fleuve et plantèrent leurs tentes dans l'île du Milieu. L'astucieuse Isis, déesse de la magie, se changea en une vieille femme voûtée, qui portait un pot de farine et des gâteaux au miel. Elle s'approcha de Nemty en boitillant.
« Allons, jeune homme, grogna Isis, fais-moi traverser bien vite. J'ai là de la nourriture pour le jeune pâtre qui garde les troupeaux dans l'île. Il y est depuis cinq jours, il n'a sûrement plus rien à manger.
— Désolé, grand-mère, dit Nemty, mais j'ai ordre de ne faire traverser aucune femme.
— Je te donnerai un de ces gâteaux au miel pour te récompenser.
— Voyons, je suis le passeur des dieux, répondit Nemty d'un ton arrogant, qu'ai-je à faire de tes gâteaux ? »
Alors, Isis mit son doigt décharné sous le nez de Nemty.
« Tu vois cette bague en or ? Fais-moi traverser et elle est à toi. »

La bague était vraiment très belle. Nemty ne pouvait résister à une telle tentation.
« Très bien, grand-mère, dit-il. Donne-moi la bague, je te conduis dans l'île. »
En quelques coups de pagaie, ils furent sur la berge de l'île. Nemty amarra sa barque et dit à Isis :
« Dépêche-toi, je t'attends pour te ramener sur l'autre rive. »
Isis s'était déjà glissée entre les arbres qui entouraient le campement de l'Ennéade. Les dieux festoyaient gaiement, mais Seth se tenait à l'écart du banquet. Isis se changea en jeune veuve éplorée et s'approcha de Seth.
Son frère était peut-être le plus fort des dieux, mais il se laissait toujours prendre à la ruse. Isis sourit, et Seth vint à la rencontre de la charmante étrangère.
« Qui es-tu donc, ma jolie ? demanda-t-il. Pourquoi es-tu ici ?
— Seigneur, je cherche un défenseur, répondit Isis d'une voix étouffée par les sanglots. J'étais l'heureuse femme d'un berger, à qui j'avais donné un fils. Et puis mon cher époux est mort. Notre garçon a gardé les troupeaux à sa place. Un jour, un homme est venu dans notre étable. Il a dit à mon fils qu'il allait prendre notre troupeau et nous chasser. Mon fils a voulu protester mais l'homme a menacé de le battre. Grand seigneur, aide-moi ! Sois le défenseur de mon fils ! »
Seth entoura de son bras les épaules d'Isis, et il dit :
« Ne pleure pas, je te défendrai. Je rosserai ce bandit. Comment un étranger peut-il s'emparer du bien d'un père quand le fils est toujours en vie ? »
Alors Isis éclata de rire. Elle se changea en milan et alla se percher dans un acacia.
« À toi de pleurer, puissant Seth, dit-elle. Tu t'es jugé toi-même et tu t'es condamné ! »
Voyant que Seth pleurait de rage, les autres dieux lui demandèrent pourquoi il semblait si bouleversé. Seth raconta ce qui était arrivé.
« Cette mauvaise femme m'a encore joué un vilain tour, gémit-il.
— Il est vrai que tu t'es jugé toi-même, fit remarquer le dieu Soleil. Que vas-tu faire maintenant ?
— D'abord, je vais faire châtier le passeur », grommela Seth.
On alla chercher Nemty et, pour le punir de sa désobéissance, on lui coupa les doigts de pieds. Nemty jura qu'il ne regarderait plus jamais aucun objet en or.
Les dieux de l'Ennéade se rendirent en bateau sur la rive occidentale. Ils installèrent leur campement sur la montagne pour préparer le couronnement d'Horus. Mais Seth ne voulait toujours pas s'avouer vaincu.
« Horus est peut-être couronné, dit-il, mais il ne pourra pas gouverner tant qu'il ne m'aura pas battu. Je te défie, Horus ! Changeons-nous en hippopotames et allons combattre au fond de l'eau. Celui qui remontera le premier à la surface aura perdu ! »

Horus accepta le défi. De son côté, Isis concevait les pires craintes. Elle pensait que Seth allait tuer son fils. Les deux rivaux se transformèrent en deux énormes hippopotames et ils plongèrent dans le fleuve. Isis fit un harpon magique avec de la laine et du cuivre. Déjà, les deux bêtes se livraient un furieux combat, et dans l'eau écumante Isis ne pouvait reconnaître laquelle était son fils. Elle lança le harpon au hasard. Il frappa le flanc d'Horus, qui émergea un bref instant pour crier :

« Mère, ta flèche m'a percé ! Délivre-moi ! »

Aussitôt, Isis fit revenir le harpon magique dans ses mains. Elle le lança de nouveau et, cette fois, il frappa Seth. Le dieu poussa un hurlement de douleur. Il sortit de l'eau en s'écriant :

« Ô ma sœur, seras-tu toujours mon ennemie ? Que t'ai-je donc fait ? Je suis ton frère, délivre-moi ! »

Comme Isis ne pouvait s'empêcher de ressentir un peu de compassion pour Seth, elle ordonna au harpon magique de se retirer de son corps. Alors Horus se fâcha contre sa mère. Il bondit hors du fleuve, le visage plein d'une fureur de léopard, et il trancha la tête d'Isis avec son couteau de cuivre. Il gravit la montagne en portant la tête de sa mère sous son bras.

Sans s'émouvoir, Isis transforma son corps en statue de pierre. Puis elle se dirigea vers la tente du dieu Soleil. Tous les dieux et toutes les déesses sursautèrent de stupeur. Rê-Atoum se tourna vers Thot :

« Qui vient là avec un corps sans tête ? demanda-t-il.

— C'est Isis, répondit le dieu très sage, Horus lui a tranché la tête. »

Le dieu Soleil, horrifié, jura qu'Horus serait puni. Alors Seth gravit la montagne pour aller chercher Horus.

Le jeune dieu se reposait à l'ombre d'un palmier quand son oncle le découvrit. Seth étendit Horus sur le dos et lui arracha les deux yeux, puis il alla les enfouir dans la terre. Quand Seth revint au campement de l'Ennéade, il dit qu'il n'avait pu trouver la trace de son neveu.

Le pauvre Horus devenu aveugle passa une nuit épouvantable. Au petit matin, deux splendides lotus avaient éclos à l'endroit où ses yeux étaient enterrés. Cependant, Hathor, la dame du sycomore du Sud, était partie à la recherche d'Horus. Quand elle le trouva en proie à une si grande douleur, elle eut pitié de lui. Hathor la grande chasseresse captura une gazelle. Elle tira le lait de l'animal, puis elle s'agenouilla auprès du jeune dieu et versa le lait sur ses blessures. La douleur s'apaisa aussitôt.

« Ouvre les yeux », ordonna Hathor.

Horus obéit, et il s'aperçut qu'il avait recouvré la vue. Hathor courut au campement de l'Ennéade.

« Seth vous a menti, dit-elle. Hier, il a trouvé Horus ; il lui a arraché les yeux, mais je l'ai guéri et le voici qui vient. »

Les dieux de l'Ennéade appelèrent Horus et Seth à comparaître devant le dieu Soleil pour entendre son jugement, car tous deux avaient mal agi. Et Rê-Atoum déclara :

« Pour la dernière fois, je vous demande de cesser votre querelle et de faire la paix. »

Seth fit semblant d'obéir. Pour prouver sa bonne volonté, il invita Horus à venir habiter dans son palais. Mais Horus comprit tout de suite qu'il devait se méfier de son oncle, et qu'il allait avoir besoin de l'aide de sa mère. Isis pardonna bien volontiers à son fils. Seth essaya toutes sortes de ruses contre Horus, mais Isis les déjoua l'une après l'autre.

Enfin, ne sachant plus quoi inventer, Seth lança un nouveau défi à Horus. Devant toute l'Ennéade, il dit :

« Construisons un bateau en pierre et faisons une course sur le Nil. Celui qui gagnera la course portera la couronne d'Osiris. »

Horus accepta. Le puissant Seth prit son bâton, et il brisa le sommet d'une montagne. Il se construisit un énorme bateau en pierre, puis il le traîna jusqu'au fleuve. Le bateau d'Horus était déjà à flot, car le jeune dieu avait fabriqué secrètement un bateau en bois de pin, qu'il avait recouvert de plâtre pour faire croire qu'il était en pierre. Quand Seth voulut mettre son embarcation à l'eau, elle coula à pic jusqu'au fond du Nil. Les dieux de l'Ennéade éclatèrent de rire. Seth bondit dans l'eau, furieux, et se changea de nouveau en hippopotame. Il se rua sur le bateau d'Horus. Comme ce n'était que du bois, le bateau se brisa et coula dans le Nil. Horus brandit sa lance, menaçant. Mais les dieux de l'Ennéade lui dirent de ne pas frapper Seth, et il dut obéir.

Cependant, Horus commençait à désespérer de voir cette affaire se régler un jour. Il s'en alla demander conseil à la sage déesse Neïth. De leur côté, Shou et Thot avaient réussi à persuader les autres dieux de l'Ennéade d'envoyer une lettre à Osiris, en son royaume de Bel Occident, le pays des morts. C'était un long et périlleux trajet que

celui du royaume des morts, mais les messagers revinrent enfin avec la réponse du roi des morts. Dans sa lettre, Osiris demandait pourquoi son fils avait été évincé du trône, et si les dieux avaient oublié que lui, Osiris, avait créé l'orge et le froment, les plus précieuses nourritures.

Thot lut la lettre à haute voix devant toute l'Ennéade. Le dieu Soleil était très fâché qu'Osiris lui fasse la leçon, et il répondit aussitôt par une lettre fort arrogante. Plusieurs jours s'écoulèrent encore et un messager épuisé par son long voyage apporta une deuxième lettre du roi des morts. Thot lut à haute voix :

« Que c'est beau en vérité ce qu'a fait l'Ennéade ! La justice s'est engloutie dans le monde inférieur. Sachez que le pays des morts est plein de démons qui ne craignent ni les dieux ni les déesses. Si je les envoie dans le monde des vivants, ils ramèneront les cœurs de ceux qui commettent de mauvaises actions en ce lieu de châtiment. Qui d'entre vous est plus puissant que moi ? Même les dieux devront finir leurs jours au royaume de Bel Occident. »

En entendant cela, le dieu Soleil lui-même fut rempli d'une grande crainte. Tous les dieux décidèrent qu'il fallait exaucer les vœux d'Osiris. Isis fut chargée d'aller chercher Seth et de le présenter devant l'Ennéade avec des chaînes aux pieds.

« Seth, veux-tu t'emparer du trône d'Horus ? demanda le dieu Soleil.

— Non, répondit Seth d'une voix humble. Qu'on appelle Horus pour lui donner le trône de son père. »

Le jeune dieu fut de nouveau couronné, puis il monta sur le trône d'Égypte et Isis s'écria :

« Mon fils, tu es roi ! Mon cœur se réjouit de voir la terre entière illuminée par ta gloire ! »

Alors le dieu Soleil fit libérer Seth de ses chaînes et il lui dit :

« Fils de Nout, tu demeureras près de moi dans le ciel. Tu seras seigneur des tempêtes, et, quand tu gronderas, la terre entière tremblera. »

Seth, enfin satisfait, accepta de faire la paix avec Horus, pour la plus grande joie des autres dieux.

# Le voyage de l'âme

CHAQUE MATIN, Rê, le dieu Soleil, sous son apparence de scarabée, montait dans la « barque de jour » et se faisait conduire à travers le ciel. Dans son équipage, il y avait des dieux et les âmes des morts bienheureux. À midi, le Soleil brillait de tout l'éclat de sa jeunesse, mais le soir venu il devenait le vieil Atoum à tête de bélier. Quand il arrivait à l'horizon, Rê-Atoum montait dans la « barque de nuit » pour parcourir le ciel inférieur et le royaume des morts. Thot, Hathor, Seth et maintes autres divinités escortaient et protégeaient Rê-Atoum. La barque de nuit était tirée par des chacals et des cobras. Quand le dieu Soleil éclairait le monde inférieur, les morts naissaient à une nouvelle vie et Osiris, le maître du Bel Occident, saluait en Rê-Atoum son âme sœur, car ils étaient tous deux des images du Créateur.

La route nocturne du Soleil était semée de nombreuses embûches. Les effroyables démons qui gardaient les portes du monde inférieur ne les ouvraient que si on répondait correctement à leurs mystérieuses questions. Les forces du chaos se rassemblaient chaque nuit pour attaquer Rê-Atoum. Le puissant Seth se tenait à la proue pour combattre Apopis, le plus grand de tous les serpents du chaos, car, si le Soleil ne parvenait pas à se dégager du monde inférieur, les eaux du chaos submergeraient la terre et c'en serait fini de la domination des dieux. L'aube était chaque fois une victoire de la lumière sur les ténèbres, de l'ordre sur le chaos, emportée au terme d'un âpre combat.

Quand un roi égyptien mourait, il prenait part aux épreuves du Soleil nocturne et son périlleux voyage dans le monde inférieur le conduisait à une renaissance dans la vie éternelle. Le roi mort s'identifiait à Osiris, qui était mort et ressuscité pour gouverner le monde inférieur, et qui avait été vengé par son fils Horus. Ainsi, chaque roi ressuscitait après sa mort, tandis que son fils prenait sa place sur son trône, tel un nouvel Horus.

Ces idées sur la vie éternelle des rois, et bien d'autres encore, se trouvent dans les formules funéraires qui étaient gravées à l'intérieur des pyramides. Au début, ces textes étaient réservés aux rois, mais, après la chute de l'Ancien Empire, toutes sortes de personnalités ont commencé à faire peindre les formules sur leurs cercueils, ainsi que des cartes du monde inférieur. Sous le Nouvel Empire, chaque Égyptien défunt s'identifiait à Osiris. Les formules funéraires étaient écrites sur des papyrus déposés auprès de la dépouille mortuaire. Toutes ces formules rassemblées constituaient un recueil de quelque cent quatre-vingt-dix chapitres intitulé *Formules pour sortir au jour* et plus connu aujourd'hui sous le nom de *Livre des morts.*

Les Égyptiens ne ménageaient ni leur peine ni leur argent pour préparer leur tombe et les cérémonies d'inhumation. Un beau cercueil ou un exemplaire illustré du *Livre des morts* était un signe de richesse et de réussite sociale. Les corps des défunts étaient momifiés selon un processus très complexe et coûteux. Dans les temps les plus reculés, les Égyptiens se contentaient d'envelopper les morts dans une natte et de les ensevelir dans les sables du désert. Comme le sable était très chaud et très sec, les corps se conservaient assez bien. Mais quand ils commencèrent à placer les morts dans des cercueils en bois et à construire des tombes en briques ou creusées dans la roche, ils s'aperçurent que les cadavres se décomposaient. Ils cherchèrent un procédé qui produirait le même effet que le sable chaud et conserverait les corps des défunts, de façon que leur esprit puisse continuer à les habiter. L'art de la momification atteignit son apogée après la fin du Nouvel Empire.

Les embaumeurs appartenaient à une sorte de caste bien distincte. Ils portaient un masque de chacal qui les faisait ressembler à leur patron Anubis, le gardien des morts. Quand la famille du défunt et les embaumeurs s'étaient mis d'accord sur le prix à payer, les embaumeurs commençaient leur funèbre besogne. Ils étendaient le corps sur une dalle de pierre et ils extirpaient le cerceau en enfonçant un crochet métallique dans les narines. Comme ils ignoraient que c'était un organe important — ils croyaient que le cœur était le centre de l'intelligence et des sensations —, ils le jetaient. Ensuite, ils ouvraient le ventre pour extraire les viscères. Ils nettoyaient l'intérieur du corps avec du vin, puis ils le bourraient avec des herbes et des épices. Le corps macérait ensuite pendant au moins quarante jours dans du natron.

Le natron est un composé naturel à base de carbonate de sodium, qui a la propriété d'absorber l'humidité. Les viscères étaient également traités au natron. Les embaumeurs séparaient le foie, les intestins, l'estomac et les poumons et les plaçaient dans quatre vases canopes différents. Le couvercle de chacun de ces vases représentait la tête d'un des quatre fils d'Horus. Au bout de quarante jours, le corps était complètement desséché, et il ne restait guère que la peau et les os. Les embaumeurs utilisaient des sachets de plantes aromatiques, telles que la myrrhe et la cannelle, ou plus simplement du sable ou de la sciure, pour rembourrer le visage et les membres et leur donner un aspect plus « vivant ». Ils remplaçaient le cœur dans la cage thoracique, ils recousaient le ventre du défunt, puis ils frottaient le corps avec des huiles parfumées et l'enduisaient parfois de résine fondue avant de l'envelopper soigneusement dans des bandelettes de toile. De nombreuses amulettes étaient insérées entre les différentes épaisseurs de tissu. Enfin, la momie était complétée par un masque qui ressemblait plus ou moins au visage du mort.

On plaçait la momie dans une série de sarcophages décorés, emboîtés les uns dans les autres, puis on la transportait sur la rive ouest du Nil, dans une nécropole.

Des bœufs tiraient le traîneau où étaient posés les sarcophages. La famille du défunt marchait derrière, accompagnée par des pleureuses professionnelles qui se frappaient la poitrine, se tiraient les cheveux et se lamentaient comme si le mort avait été Osiris lui-même. À l'entrée de la tombe, un prêtre procédait à la cérémonie d'« ouverture de la bouche » : il « ouvrait » la bouche de la momie avec une herminette, en prononçant les formules destinées à rendre au mort la vue, l'ouïe et la parole.

Alors la momie était prête à recevoir le *ka* du mort, c'est-à-dire une sorte de « double » désincarné, une force vitale qui survivait après la mort physique. Le *ka* pouvait se loger dans la momie ou dans une statue représentant le mort, mais il avait besoin de nourriture. C'est pourquoi chaque Égyptien était supposé faire des offrandes de nourriture aux tombes de ses ancêtres. Dans la réalité, la coutume était rarement respectée, car les Égyptiens pensaient qu'il suffisait de placer des images de nourriture auprès du mort. Pour plus de précaution, ils inscrivaient dans la tombe un « appel aux vivants » : le mort promettait sa protection ou celle des dieux à tous ceux qui réciteraient pour son *ka* des invocations « de pain, de bière, de bœufs, d'oiseaux, de vêtements et de toutes bonnes choses ».

Les Égyptiens adoptaient parfois de nouvelles croyances, mais ils ne reniaient pas les anciennes, même si cela entraînait des contradictions. Le *ka* menait dans la tombe une vie semblable à la vie quotidienne des Égyptiens. S'il était désincarné, il n'en avait pas moins besoin de nourriture, de vêtements, de bijoux et de meubles que l'on prenait soin de placer dans la tombe.

Chaque Égyptien possédait un *ka* et aussi un *ba,* c'est-à-dire une âme. Après la mort, le *ba* pouvait prendre la forme d'une hirondelle, d'un faucon ou d'un héron et s'envoler n'importe où sur la terre. Cependant, il devait également accomplir un périlleux voyage dans le monde inférieur pour gagner le droit à une vie et une joie éternelles.

La plupart des formules contenues dans le *Livre des morts* étaient destinées à aider le *ba* dans son voyage, à lui éviter de perdre son cœur en route, d'être mangé par les serpents, de se faire décapiter, et toutes sortes d'autres dangers. Le *ba* devait subir l'épreuve de l'eau et du feu. Il pouvait être attaqué par des monstres. Pour se défendre, il devait connaître la formule qui correspondait à chaque situation et qui, seule, lui permettait de surmonter l'obstacle. Le *ba* devait franchir une série de portes gardées par d'horribles démons qui le menaçaient de leurs couteaux. S'il ne connaissait pas le nom secret de ces démons, il ne pouvait les repousser. Le but de ce voyage était la « salle des deux vérités », où trônait le grand Osiris. Avant d'y être introduit, le *ba* devait nommer toutes les parties du chemin d'accès et prouver qu'il connaissait parfaitement la géographie du monde inférieur. Alors, il était accueilli par Thot et il devait affronter les quarante-deux juges du monde inférieur. Il devait énumérer les quarante-deux fautes punies par les quarante-deux juges, en affirmant qu'il ne les avait pas commises :

« Ô large de pas qui viens d'On, je n'ai pas fait le mal ; ô Iremibef qui viens de Tjebou, je n'ai pas marché dans l'eau ; ô annonceur du combat qui viens d'Ounes, je n'ai pas été gêneur ni trouble-fête (...) Ô dieux, je connais vos noms et je n'ai pas peur. J'ai repoussé le mal, je n'ai pas porté la main sur l'homme d'humble condition, je n'ai pas fait pleurer, je n'ai pas méprisé les dieux, je n'ai pas menti (...) J'ai la bouche pure et les mains pures ! »

Pour vérifier l'innocence du *ba,* Anubis pesait le cœur du défunt, en mettant dans l'autre plateau de la balance une plume qui symbolisait Maât. Thot prononçait le verdict. Cette épreuve effrayait tellement les Égyptiens qu'ils en étaient venus à mettre un scarabée à la place du cœur du mort. Sur ce scarabée en pierre, ils inscrivaient une formule qui aiderait le *ba* dans la salle des deux vérités :

« Ô cœur de mon être, ne témoigne pas contre moi, ne t'oppose pas à moi dans le tribunal, ne te dresse pas contre moi devant le gardien de la balance, ne laisse pas mon nom exhaler une mauvaise odeur devant les juges ! »

Si le cœur lesté de quelques péchés pesait plus lourd que Maât, le *ba* était promis à une deuxième mort, bien plus affreuse que la première. Mais si le *ba* était plus léger que Maât, Horus le conduisait devant Osiris, qui lui accordait la lumineuse glorification : le *ba* devenait un *akh,* autrement dit une âme glorifiée. L'*akh* pouvait briller parmi les étoiles, se joindre à l'équipage de la barque du Soleil, ou vivre dans la paix et le bonheur au Champ des roseaux.

Certains Égyptiens ne croyaient pas au pouvoir des offrandes et des formules pour le salut de l'âme dans l'au-delà. Le culte des morts leur paraissait totalement vain. Les pilleurs commencèrent à vider de leurs richesses les tombeaux des rois et des reines ; quelques poètes exhortèrent leur auditoire à profiter de la vie au lieu de se préoccuper des morts :

« Aucun ne revient de là-bas pour nous dire ce qu'il en est, pour nous dire de quoi il a besoin (...) Fais donc un jour la fête et ne t'en lasse pas. Vois, personne n'emporte avec lui ses biens. Vois, personne ne revient qui s'en est allé. »

D'autres proclamaient leur confiance en la miséricorde des dieux, leur foi dans un bonheur éternel après la mort :

« Le bon et le juste n'auront pas de crainte. Tous nos ancêtres y reposent depuis le commencement des temps. Ceux qui naîtront après nous, les millions et les millions, ils iront tous là-bas, car nul ne peut s'attarder sur la terre d'Égypte. Notre temps sur la terre est bref comme un songe et Dieu accueille ceux qui parviennent au Bel Occident. »

# Sept ans de famine

SUR UNE ÎLE proche de l'antique Éléphantine, au beau milieu du Nil, se dresse un bloc de granit où est gravée une histoire qui met en scène un roi et trois divinités, le dieu Khnoum et les déesses Satis et Anoukis. L'inscription date d'environ deux mille ans, mais la légende elle-même se déroule sous le règne de Djoser, qui gouverna l'Égypte il y a plus de quatre mille cinq cents ans.

Cette histoire montre que le Nil jouait un rôle capital dans la vie des anciens Égyptiens. Le Nil Bleu prend sa source dans les montagnes d'Éthiopie et le Nil Blanc dans les lacs de l'Afrique centrale. Ils se rejoignent à la hauteur de Khartoum (la capitale du Soudan actuel); après quoi le Nil traverse la Nubie, puis l'Égypte. Chaque année, les pluies d'été qui arrosent l'Éthiopie et le Soudan gonflent le fleuve. De nos jours, les crues sont endiguées par de grands barrages, dont le fameux barrage d'Assouan, mais dans l'Antiquité le Nil inondait chaque année les plaines d'Égypte. Il déposait une couche de limon et, quand les eaux se retiraient, les Égyptiens cultivaient ces terres fertiles. Le dépôt de limon était indispensable aux cultures : une inondation insuffisante signifiait une année de disette pour le peuple d'Égypte.

Or, dans la dix-huitième année du règne de Djoser, il n'y eut pas de crue. Déjà, les inondations avaient été insuffisantes pendant les six années précédentes. Les récoltes ne permettaient plus de nourrir convenablement la population. Chaque année, les Égyptiens appelaient la crue du Nil de toutes leurs prières ; chaque année, le niveau de l'eau baissait un peu plus.

La septième année, le manque de nourriture se fit sentir très cruellement. Les hommes volaient leurs propres frères, les enfants pleuraient de faim, les vieillards restaient prostrés, accroupis dans la poussière.

Même les nobles et les courtisans étaient tristes et amaigris. Comme il n'était plus possible de faire des offrandes, on ferma les temples et on déserta les sanctuaires des dieux.

Les conseillers du roi étaient désemparés. Alors, Djoser consulta son ministre, le très sage Imhotep.

« Dis-moi où est la source du Nil, demanda le roi. Où est la cité du Sinueux ? Quel dieu habite cette cité ? Si je le savais, je pourrais le prier qu'il mette fin à notre famine. »

Imhotep était un grand médecin, un architecte réputé, et son savoir était immense. Pourtant, il ne connaissait pas la réponse. Il dit au roi :

« Mon Seigneur, je vais lire les livres sacrés dans la Maison de Vie. S'il existe une réponse, c'est là que je la trouverai. »
Pendant plusieurs jours, Imhotep étudia les livres sacrés, car lui seul était assez savant pour les lire. Il y trouva tout ce que le roi désirait savoir, et il revint bien vite au palais.
« Mon Seigneur, dit-il, loin vers le sud, sur une île du Nil, il y a la cité d'Éléphantine. Elle est construite sur la colline primordiale qui a émergé des sombres eaux de Noun. Les monts qui entourent cette cité sont de granit rouge et de granit noir, et riches en cuivre, en or, en argent, en turquoise, en cornéliane, en émeraude et en jaspe. Le « temple de l'allégresse » se dresse au cœur de la cité. Derrière ce temple, il y a les deux cavernes où le Nil dort en attendant l'époque de son déferlement sur l'Égypte. Khnoum est le dieu qui lui ouvre les portes. Il siège sur son trône à Éléphantine, avec ses sandales qui reposent sur le Nil et sa tête qui touche le ciel. Khnoum est le seigneur de l'orge et du froment, des fruits et des fleurs, des oiseaux, des poissons et des animaux. Chaque jour on offre ces bonnes choses au dieu Khnoum, à sa femme Anoukis, à sa fille Satis et aux autres divinités d'Éléphantine. »
Djoser fut enchanté d'apprendre l'existence de ce lieu merveilleux aux confins de son royaume. Il déroula les livres secrets pour s'informer des rituels qui plaisaient à Khnoum et aux autres dieux d'Éléphantine. Djoser passa une journée entière à faire des offrandes à Khnoum.
Cette nuit-là, le roi rêva que Khnoum se tenait au chevet de son lit. Dans son rêve, Djoser se prosterna devant le dieu ; il n'osait pas lever les yeux sur le divin visage, mais Khnoum à tête de bélier lui dit gentiment :
« J'ai façonné l'humanité sur mon tour de potier ; je vous entoure de mes bras pour vous soutenir et vous protéger ; je vous ai donné les pierres pour construire les temples et orner les statues des dieux. Quand j'ouvre les deux cavernes, le Nil jaillit pour embrasser votre terre et vos champs. Cesse de t'affliger. Tu m'as appelé et je vais mettre un terme aux sept ans de famine. Je ferai jaillir le Nil ; les eaux fertilisantes miroiteront de nouveau sur les rivages d'Égypte. Le pays sera plus prospère et le peuple plus heureux que jamais ! »
Quand il se réveilla, le roi était certain que l'Égypte serait sauvée. Dans sa gratitude, Djoser décréta qu'Éléphantine appartiendrait à jamais au dieu Khnoum et qu'on déposerait dans son temple un dixième des produits de l'Égypte : les paysans donneraient une part de leur récolte, les chasseurs et les pêcheurs une part de leur butin, les commerçants une part de l'ivoire, de l'ébène et de toutes les choses précieuses qu'ils ramenaient d'Afrique. Le temple de l'allégresse serait soigneusement entretenu et richement décoré de statues en or, en argent et en pierres précieuses. Le décret du roi fut gravé dans le granit afin que nul ne l'oublie jamais. Et Khnoum tint sa promesse. Tous les ans, le Nil inonda les terres et l'Égypte prospéra.
Les Égyptiens en vinrent à considérer le règne de Djoser comme le début d'un âge d'or. Ils vénérèrent Imhotep à l'égal d'un dieu. Djoser resta dans leur mémoire le plus grand roi de la III^e^ dynastie. Avec la IV^e^ dynastie (v. 2575-2456 av. J.-C.) commença l'Ancien Empire, où l'Égypte atteignit le faîte de sa splendeur.
Le pays fut découpé en circonscriptions administratives appelées nomes, et gouverné par des rois efficaces et par un service civil placé sous l'autorité du vizir.
Les gouvernants organisèrent la distribution des récoltes et la constitution de réserves. On cultiva le lin pour fabriquer des tissus, on exploita les gisements de turquoise du Sinaï, et les pierres dures du désert servirent à bâtir des édifices capables de défier le temps. Les rois d'Égypte conquirent la Nubie, qui recélait des gisements d'or, et ils firent construire des routes vers l'Afrique pour faciliter le commerce de l'ivoire, de l'ébène, des peaux de léopards et de l'encens. Cette richesse favorisa l'épanouissement de l'art. Les peintures et les sculptures de l'Ancien Empire traduisent un bonheur de vivre et une confiance dans l'avenir que les Égyptiens n'allaient plus jamais connaître.

# Le roi Chéops et les magiciens

LE ROI CHÉOPS, qui fit construire la grande pyramide de Gizeh, monta sur le trône d'Égypte vers l'an 2650 avant Jésus-Christ. Une légende raconte comment il apprit qu'une nouvelle dynastie allait bientôt régner sur l'Égypte.

Un jour qu'il se sentait accablé d'ennui, le roi Chéops demanda à ses fils de le divertir avec des histoires de magie. Aussitôt, le prince héritier Chéphren se leva et dit :

« J'aimerais raconter un prodige qui s'est opéré du temps de ton ancêtre le roi Nebkê. Près du temple de Ptah vivait un prêtre du nom d'Ouébaner. C'était un favori du roi et on respectait sa grande sagesse dans l'Égypte tout entière. Tout le monde l'admirait, sauf sa propre femme. Elle s'était éprise d'un beau jeune homme de Memphis, et un jour elle lui fit envoyer en cadeau un coffre en bois de santal rempli de vêtements et de linge fin. Le jeune homme vint la remercier dans la maison d'Ouébaner. Il ne tarda pas à accepter un rendez-vous clandestin dans un pavillon du jardin, près de l'étang.

La femme d'Ouébaner ordonna à son jardinier de porter de la nourriture et du vin dans le pavillon, de couvrir le sol avec des tapis et des coussins moelleux, de suspendre aux colonnes des guirlandes de fleurs et des bâtonnets parfumés. Ainsi fut fait. Le jeune homme rencontra la femme du prêtre dans le pavillon et ils y passèrent la journée, à manger de bonnes choses, à s'embrasser et à comploter contre Ouébaner.

Chaque fois que le prêtre s'absentait, sa femme faisait préparer le pavillon et elle passait des jours et des nuits en compagnie du jeune homme. Le jardinier n'osait pas désobéir, mais, quand il entendait des rires dans le pavillon ou quand il voyait le jeune homme se baigner dans l'étang, il se sentait très triste pour son maître. Enfin, la rumeur commença à se répandre dans la ville et le jardinier résolut de révéler la vérité à son maître. Il demanda à parler seul à seul avec Ouébaner, et il lui dit ce qu'il savait.

Le visage d'Ouébaner semblait de pierre. Le prêtre ouvrit un coffre d'ébène, prit un peu de cire, et modela un crocodile aussi long que sa main. Il donna le crocodile au jardinier en lui disant qu'il devrait le lancer sur le jeune homme la prochaine fois que celui-ci se baignerait dans l'étang. Le jardinier fut très étonné, mais il promit d'obéir.

Le lendemain, Ouébaner dut se rendre à la cour, où le roi l'avait fait mander. Dès qu'il fut parti, sa femme ordonna au jardinier de préparer le pavillon, puis elle envoya un message à son amant. Le jardinier

se dissimula dans les roseaux et, quand le jeune homme vint se baigner dans l'étang, il lui lança l'animal en cire. Au contact de l'eau, le crocodile s'anima. Il grandit jusqu'à mesurer sept coudées de long, et il saisit le jeune homme dans sa gueule pour l'entraîner au fond de l'eau. Dans le pavillon, la femme attendit en vain le retour de son amant.

Ouébaner resta sept jours à la cour du roi Nebkê. Le septième jour, il demanda au roi de bien vouloir l'accompagner chez lui, car il voulait lui montrer une merveille. Le roi accepta. Il fut bientôt au bord de l'étang, entouré de ses pages et de ses courtisans. Le prêtre prononça une formule d'invocation. Aussitôt surgit du fond de l'eau le plus gros crocodile que le roi et ses courtisans aient jamais vu. Le jeune homme s'agitait dans la gueule du monstre, car les sortilèges du prêtre l'avaient gardé en vie au fond du lac.

Ouébaner ordonna au crocodile d'ouvrir sa mâchoire et de déposer le jeune homme aux pieds du roi. Nebkê eut un mouvement de frayeur, mais Ouébaner se pencha pour toucher le crocodile, qui redevint un petit modelage en cire. Le prêtre prit le crocodile dans sa main et il le donna au roi en lui racontant son histoire. Puis il demanda à Nebkê de rendre justice.

Le roi décida que l'on devait remettre le jeune homme dans l'étang. Il lança le crocodile dans l'eau : l'animal grandit, s'empara du jeune homme et l'entraîna au fond de l'eau. Alors le roi Nebkê dit que la femme d'Ouébaner devait être brûlée vive.

Voilà le prodige qui s'est opéré du temps de ton ancêtre le roi Nebkê. »

Chéops fut enchanté de cette histoire. Il ordonna de faire des offrandes de pain, de bière, de bœufs et d'encens aux mânes du roi Nebkê et du prêtre Ouébaner. Alors, le prince Baoufrê se leva et dit :

« J'aimerais raconter un prodige qui s'est opéré sous le règne de ton père Snéfrou. Un jour qu'il faisait très chaud, le roi Snéfrou errait dans son palais. Ne trouvant rien qui pût tranquilliser son esprit, il fit appeler le prêtre Djadja-Emankh et lui demanda de lui proposer un moyen de se divertir. Le prêtre conseilla au roi de se promener en barque sur l'étang de son jardin, et de faire tenir les rames par les plus belles femmes de son harem.

Snéfrou trouva cette idée fort plaisante. Il fit préparer une barque avec des rames en ébène et en bois de santal doré à l'or fin.

"Trouvez-moi vingt jeunes filles qui aient de longues tresses et une splendide silhouette. Faites-leur ôter leurs vêtements, drapez-les dans des filets et donnez-leur les rames !" dit-il à ses serviteurs.

Ainsi fut fait. Snéfrou s'allongea dans sa barque et vingt charmantes jeunes filles vêtues de filets étincelants commencèrent à ramer. Le roi admirait les lotus blancs, les papyrus qui bordaient l'étang, les poissons bondissants et les oiseaux virevoltants. Mais il admirait surtout les belles rameuses.

L'une des jeunes filles portait dans ses longs cheveux tressés une amulette de turquoise en forme de poisson. Comme elle commençait à avoir très chaud, elle repoussa d'un geste de la main les cheveux qui retombaient sur son visage. Ce faisant, elle détacha l'amulette, qui tomba au fond de l'eau. La jeune fille laissa échapper un petit cri effaré et elle cessa de ramer. Toutes les rameuses qui étaient de son côté durent s'arrêter aussi, puis toutes les autres.

"Que se passe-t-il ? demanda le roi.

— J'avais une amulette de turquoise, répondit la jeune fille. Elle est tombée dans l'eau, et maintenant je l'ai perdue.

— Continue à ramer, ordonna le roi, je te trouverai une autre amulette.

— Mais je n'en veux pas d'autre, dit la jeune fille, c'est mon amulette que je veux retrouver !"

Snéfrou réussit à convaincre les rameuses de le ramener sur la rive. Il fit appeler Djadja-Emankh, et il lui raconta ce qui s'était passé.

"J'ai suivi ton conseil, et mon cœur se réjouissait, mais voilà que l'une des jeunes filles a laissé tomber son amulette dans l'étang et qu'elle s'obstine à vouloir la retrouver."

Le prêtre sourit doucement et, sans répondre au roi, il se mit à murmurer des phrases magiques. L'étang s'ouvrit par le milieu et l'on put voir, sur un des tessons de vaisselle qui jonchaient le fond de l'étang, l'amulette de turquoise en forme de poisson. Le prêtre s'avança, ramassa l'amulette, revint sur la berge, récita une autre formule, et l'eau se referma. Le roi Snéfrou récompensa le prêtre et il offrit un grand banquet aux belles rameuses.

Voilà le prodige qui s'est opéré du temps de ton père le roi Snéfrou. »

Cette histoire amusa beaucoup le roi Chéops. Il ordonna de faire des offrandes de pain, de bière, de bœufs et d'encens aux mânes du roi Snéfrou et du prêtre Djadja-Emankh. Alors le prince

Hardjédef, le plus sage des fils de Chéops, se leva et dit :
« Mes frères ont raconté à Ta Majesté des prodiges du temps passé, mais moi je peux te parler d'un prodige du temps présent, d'un grand magicien qui est toujours en vie.
— Qui est donc ce magicien, mon fils ? Où habite-t-il ?
— Il s'appelle Djedi et il habite Djed-Snéfrou. Il a cent dix ans. Chaque jour il mange cinq cents pains et chaque nuit il boit cent cruches de bière. Il peut remettre en place une tête tranchée, il peut amadouer un lion féroce, et il connaît le plan des chambres secrètes du temple de Thot. »
Il y avait longtemps que Chéops essayait de connaître ce secret, car il voulait faire construire sa tombe sur le même plan que le temple de Thot. Plein d'impatience, il dit à Hardjédef :
« Va vite me chercher ce magicien. Prends autant de bateaux qu'il t'en faudra ! »
Le prince prit trois bateaux. Il remonta le Nil, vers le sud. Quand les pyramides de Snéfrou apparurent à tribord, les bateaux accostèrent et Hardjédef continua son trajet en chaise à porteurs.
Le magicien Djedi était allongé sur une natte devant la porte de sa maison. Une servante lui massait la nuque et une autre lui lavait les pieds. Hardjédef fit poser sa chaise. Il s'inclina devant le magicien et il dit :
« Salut à toi, honorable Djedi ! Tu es très âgé, et pourtant tu as toute la vigueur de la jeunesse. Je suis venu te prier de me suivre au palais où le roi mon père te recevra avec toute ta famille. Pour te remercier, il t'offrira une belle tombe. »
Hardjédef offrit son bras au magicien et tous deux revinrent à pied vers les bateaux. Djedi demanda un bateau pour sa famille et un autre pour ses livres de magie. Quant à lui, il monta à bord du premier bateau avec Hardjédef.
Le roi Chéops reçut le magicien dans la salle du trône. Il lui demanda d'abord :
« Eh bien, magicien, comment se fait-il que je ne t'aie encore jamais vu ?
— Celui que l'on fait appeler est celui qui vient, répondit Djedi d'un ton très sérieux. Tu m'as fait appeler et je suis là. Que veux-tu ?
— Est-il vrai que tu es capable de remettre en place une tête tranchée ?
— Seigneur souverain, cela est vrai. »
Chéops fit signe de s'approcher au capitaine de la garde. Il lui dit :
« Va dans la prison, choisis un criminel et amène-le ici, nous allons lui trancher la tête.
— Non ! dit Djedi d'un ton ferme. Je ne peux pas utiliser ma magie sur les hommes, ce sont les créatures des dieux. »
Le roi était très fâché que l'on ait osé contredire ses ordres. Mais Djedi restait inflexible. Alors le roi dit au capitaine de la garde :
« Va à la cuisine, apporte-moi une oie ! »
Le capitaine revint bientôt, tenant une oie par les ailes. Il trancha la tête de l'animal d'un coup de couteau, puis il posa le corps de l'oie à l'ouest de la salle du trône et la tête à l'est. Djedi se plaça entre les deux pour prononcer ses formules magiques. Aussitôt, le corps de l'animal se dressa sur ses pattes et partit en se dandinant. Il traversa toute la salle et s'arrêta devant la tête. La tête de l'oie sauta sur son corps. L'animal se mit à cacarder comme s'il n'avait jamais eu la tête tranchée.
Chéops n'en croyait pas ses yeux. Il fit recommencer l'expérience avec un canard, puis avec un bœuf. Après avoir renvoyé tous ces animaux aux cuisines et à l'étable, il fit appeler le directeur des ménageries royales.
« Apporte-moi un lion féroce ! » dit-il.
Le directeur, aidé de deux gardiens, revint avec un lion muselé et attaché à une laisse. Djedi leur demanda de libérer l'animal. Juste au moment où le lion allait bondir sur lui en rugissant sauvagement, Djedi prononça une formule magique. Le lion se mit docilement derrière les talons du magicien, et il se promena ainsi dans toute la salle du trône.
Chéops fit renvoyer l'animal à la ménagerie, puis il demanda à Djedi de s'approcher et il lui dit à voix basse :
« On raconte que tu connais le plan des chambres secrètes de Thot...
— Seigneur souverain, ne t'en déplaise, je ne le connais pas vraiment. Mais je sais comment on peut le connaître. Dans le temple d'Héliopolis est caché un coffre en silex. Ce coffre contient le plan des chambres secrètes de Thot.
— Apporte-moi ce coffre, ordonna Chéops. Tu auras la récompense que tu souhaiteras.
— Mon Seigneur, l'homme qui te portera ce coffre n'est pas encore né. La seule personne qui puisse trouver le coffre de silex est l'aîné des trois fils de Reddedet.
— Qui est Reddedet ?
— C'est la femme de Ra-ouer, le prêtre de Rê de Sakhebou. Bientôt, elle portera dans son ventre trois fils de Rê. Tous trois seront rois de Haute et Basse-Égypte. »

Le roi fut irrité d'apprendre cela, et les courtisans commençaient à trembler lorsque Djedi reprit la parole :
« Mon Seigneur, pourquoi ce chagrin ? Ton fils sera roi d'Égypte, puis son fils, puis l'aîné des fils de Reddedet. »
Chéops était toujours aussi mécontent à l'idée que ses descendants ne régneraient pas à jamais sur l'Égypte. Mais il n'en laissa rien paraître. Il récompensa Djedi pour sa sagesse et lui offrit d'habiter chez son fils Hardjédef.
Le quinzième jour du premier mois de l'hiver, Reddedet commença à ressentir les douleurs de l'accouchement. Elle resta sur son lit pendant plusieurs jours. Rê, le seigneur de Sakhebou, entendit ses gémissements. Il fit appeler Khnoum, Isis et Nephthys, et aussi Heqet et Masklenet, les déesses de la naissance.
« Descendez en Égypte, leur dit-il. Aidez Reddedet à mettre ses enfants au monde, car ils seront rois. Ils vous feront construire de nombreux temples et ils vous feront de riches offrandes. »
Les déesses se déguisèrent en musiciennes vêtues de robes aux couleurs criardes et portant des flûtes, des tambourins et des crécelles. Khnoum se changea en porteur pour transporter le siège d'accouchement.
Ra-ouer se tenait sur le pas de sa porte, mal rasé et les cheveux tout ébouriffés. Il était terriblement inquiet parce que la sage-femme n'était toujours pas arrivée. Voyant les musiciennes et le porteur muni d'un siège d'accouchement, il s'élança vers eux.
« Ma femme est en couches, elle souffre cruellement...
— Ne t'inquiète pas, dirent les déesses, nous sommes venues pour l'aider. »
Ra-ouer les conduisit dans la chambre de Reddedet, puis il les laissa avec sa femme. Aussitôt, les déesses portèrent Reddedet sur le siège d'accouchement. Isis se plaça devant elle, Nephthys derrière et Heqet hâta sa délivrance. Reddedet mit au monde un enfant doré coiffé de lapis-lazuli. Quand les déesses eurent coupé le cordon ombilical et lavé le bébé, Masklenet le prit dans ses bras. Elle promit qu'il serait roi, tandis que Khnoum lui insufflait la vie. Deux autres fils naquirent ensuite. Ils reçurent aussi le titre de roi en même temps que le souffle de vie. Les déesses étendirent Reddedet sur son lit, avec ses trois fils auprès d'elle. Ra-ouer attendait dehors.
« Réjouis-toi, dit Isis, ta femme a donné le jour à trois garçons. »

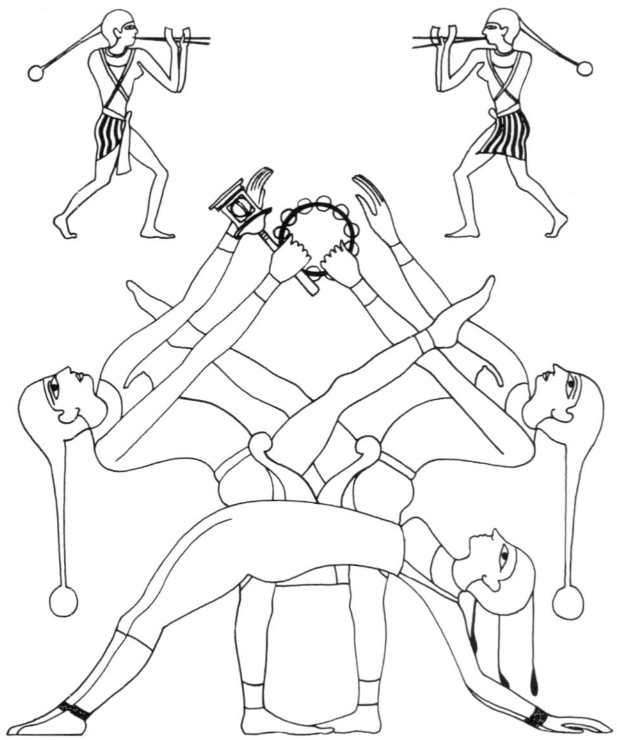

Ra-ouer était transporté de joie.
« Mesdames, comment vous remercier ? Prenez au moins ce sac d'orge en témoignage de ma gratitude. »
Khnoum jeta le sac sur son épaule, mais, avant de partir, Isis dit à ses compagnes :
« Allons-nous vraiment nous en retourner auprès de Rê sans avoir accompli quelque prodige ? »
Les déesses cachèrent trois couronnes royales dans le sac d'orge, puis elles firent éclater un orage. Ainsi, elles avaient un prétexte pour revenir dans la maison de Ra-ouer. Isis frappa à la porte et demanda à la servante de bien vouloir mettre le sac à l'abri, car la pluie aurait tôt fait de détremper les grains d'orge. Elle promit de passer reprendre le sac dès qu'elle reviendrait dans ce village.
Reddedet garda la chambre pendant deux semaines. Quand elle eut recouvré toutes ses forces, elle demanda à sa servante de préparer un banquet pour fêter la naissance de ses trois fils. La servante répondit que tout était prêt, sauf la bière. En effet, il n'y avait plus d'orge dans la maison, car le seul sac qui se trouvait dans la réserve appartenait désormais aux musiciennes.
« Fais de la bière avec cet orge, dit Reddedet. Mon époux leur donnera un autre sac. »

La servante descendit dans la réserve, mais, dès qu'elle ouvrit la porte, elle entendit des chants et des cris de joie, comme si une foule acclamait un roi. Elle courut chercher sa maîtresse. Reddedet descendit à son tour dans la réserve. La servante n'avait pas menti, il y avait de la musique et des voix qui acclamaient un roi. Pourtant, on ne voyait que des cruches de vin et d'huile, des sacs de graines et des pots de lentilles. Reddedet essaya de découvrir d'où venait ce bruit et elle s'aperçut bientôt qu'il était plus fort du côté du sac d'orge. Elle s'agenouilla pour ouvrir le sac. Lorsqu'elle découvrit les trois couronnes cachées dans le grain, elle comprit que ses enfants seraient rois. Reddedet remit les couronnes dans le sac et elle enferma le sac dans un coffre scellé. Ce soir-là, elle parla de sa découverte à Ra-ouer, qui en fut rempli d'un immense bonheur.

Quelques jours plus tard, Reddedet s'irrita contre sa servante et lui donna une gifle. La jeune fille se sentit offensée. Elle dit aux autres domestiques :

« Puis-je tolérer cela ? J'ai deviné son secret, je sais que ses enfants sont promis à des destins de rois. Je vais tout dire au roi Chéops. Nous verrons bien ce qu'il fera ! »

Quand elle sortit de la maison, son frère était devant la porte, occupé à mettre le lin en pelotes. Elle lui fit part de son projet. Il fut tellement indigné par ce manque de loyauté qu'il frappa sa sœur avec un écheveau de lin. La jeune fille courut vers la rivière pour nettoyer ses blessures. Là, un crocodile bondit sur elle et la fit tomber dans l'eau.

Quand le frère de la servante rentra dans la maison de Ra-ouer, il trouva Reddedet en larmes.

« Pourquoi as-tu tant de chagrin ? demanda-t-il.

— Parce que la jeune fille qui a grandi sous mon toit s'est enfuie. Elle veut me dénoncer à Chéops et j'ai très peur pour mes enfants.

— Cette jeune fille m'a tout raconté. Je lui ai donné une bonne correction et elle est allée au bord de la rivière, où un crocodile l'a tuée. »

Reddedet eut de la peine pour sa servante, mais son cœur se réjouit parce que Rê veillait sur ses enfants. Elle savait qu'ils seraient protégés contre la colère de Chéops et que rien ne pourrait les empêcher de devenir rois.

# Le paysan éloquent

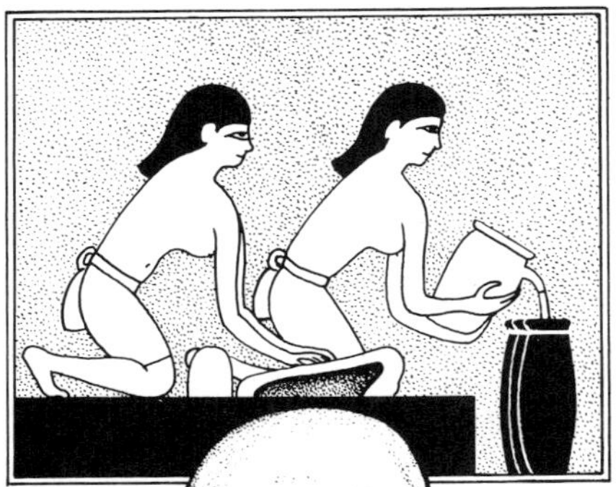

LES ENFANTS de Reddedet furent les trois premiers rois de la Ve dynastie (v. 2465-2323 av. J.-C.). Leur règne fut marqué par une grande prospérité, mais sous la VIe dynastie (v. 2323-2150 av. J.-C.) l'Égypte commença à déchoir de sa grandeur.

On suppose que la décadence de l'Ancien Empire a eu plusieurs causes. Le climat semble s'être asséché d'année en année et la famine a dû inciter les Égyptiens à douter de la puissance de leur roi. Les rois de l'Ancien Empire avaient eu l'imprudence de distribuer des terres royales à leurs fonctionnaires, pour les récompenser, et de leur permettre de transmettre leur charge officielle à leurs descendants. Ainsi, les fonctionnaires royaux devinrent de plus en plus indépendants et de moins en moins efficaces. Les gouverneurs des territoires appelés nomes commençaient à se comporter comme des petits rois, n'hésitant pas à se livrer des guerres. Durant la première période intermédiaire (v. 2134-2020 av. J.-C.), l'Égypte fut divisée et affaiblie. L'histoire du paysan éloquent se déroule pendant cette période, où les fonctionnaires étaient souvent corrompus, mais où les Égyptiens n'avaient pas oublié leur vieil idéal de justice.

Sous le règne de Nebkaourê vivait un paysan du nom de Khounanoup. Il habitait avec sa famille dans une oasis, à l'ouest du delta. À longueur d'année, il transportait des produits de son oasis dans les villes d'Égypte, pour les vendre ou les échanger, mais il avait beau se donner beaucoup de peine, il était toujours très pauvre. Un jour, il dit à sa femme :

« Je dois aller en Égypte, apporte-moi tout le grain qui nous reste. »

Khounanoup divisa le grain en deux parts égales.

« Garde ces vingt mesures pour ta nourriture et celle des enfants. Prends six mesures pour me faire du pain et de la bière », dit-il.

Le paysan chargea ses deux ânes avec des bottes de paille, des sacs de sel et de natron, des peaux de chacals et des plumes d'autruche. Il prit le pain et la bière, embrassa sa femme et ses enfants et se mit en route pour Héracléopolis.

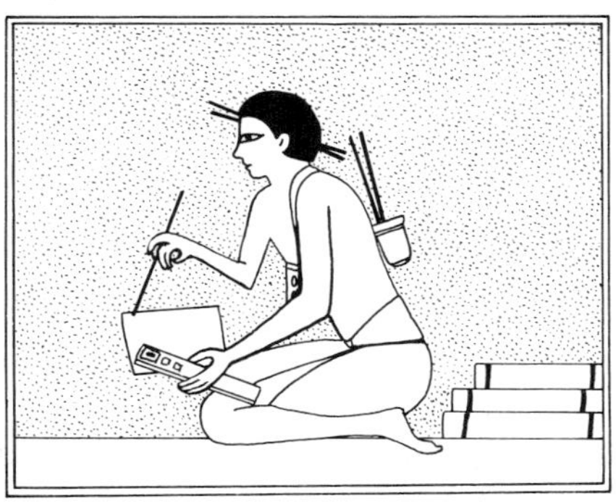

Quelques jours plus tard, il traversait le territoire de Perfifi quand un fonctionnaire du nom de Nemtynakht remarqua les deux ânes lourdement chargés. Ce fonctionnaire était cupide et cruel. Il décida de s'emparer des ânes. Or, la maison de Nemtynakht se trouvait à proximité d'un chemin bordé d'un côté par un champ de blé, et de l'autre par le Nil. Le fonctionnaire étendit un drap en travers du chemin. Dès qu'il vit approcher le paysan et ses deux ânes, il cria :

« Prends garde, paysan, que tes ânes crottés ne marchent pas sur le drap que j'ai mis à sécher !
— Bien sûr », répondit Khounanoup. Et il fit passer ses ânes sur le champ de blé pour éviter le drap.
« Misérable, hurla Nemtynakht, tu écrases mon blé !
— Je ne peux pas faire autrement, fit remarquer le paysan, puisque ton drap est en travers du chemin. »
Juste à ce moment-là, l'un de ses ânes arracha un épi de blé et le mangea.
« Tu m'as volé un épi de blé ; eh bien, je prendrai ton âne pour me dédommager ! annonça le fonctionnaire.
— Mais mon âne vaut beaucoup plus qu'un épi de blé ! Je sais que ce domaine appartient à l'intendant Rensi. Il n'aime pas les voleurs et il ne tolérera pas qu'un âne soit volé sur ses propres terres.
— C'est à moi que tu as affaire, et pas à l'intendant ! » rétorqua Nemtynakht.
Il frappa Khounanoup avec son bâton, puis il prit les deux ânes. Le pauvre paysan s'assit sur le bord du chemin et se mit à pleurer.
« Cesse de te lamenter, dit Nemtynakht, ou je t'envoie au pays du silence !
— Tu m'as volé, tu m'as battu, et maintenant tu m'interdis de me plaindre. Mais tu ne pourras pas m'empêcher de demander justice aux dieux ! »
Pendant dix jours, Khounanoup rôda autour de la maison de Nemtynakht, mais il ne put récupérer ses deux ânes. Alors, il partit pour Héracléopolis et il alla trouver Rensi.
L'intendant ne refusait jamais de défendre une bonne cause. Aussi, il demanda à son scribe de rester pour prendre la déposition du paysan, car lui-même était attendu au palais de justice. Les juges qui accompagnaient Rensi lui dirent :
« Il n'est pas nécessaire de punir un fonctionnaire pour quelques peaux de bêtes et un peu de sel. D'ailleurs, ce paysan était peut-être à son service : il aura essayé de vendre le bien de son maître. »
Rensi ne répondit pas, mais il était indigné par l'attitude des juges parce qu'il savait bien que Nemtynakht était malhonnête. Encore une fois, il constatait tristement que les pauvres paysans ne pouvaient faire valoir leur point de vue.
Le lendemain, il lut le rapport de son scribe et il fit appeler Khounanoup. Le paysan faisait confiance à la justice de Rensi. Il s'agenouilla devant l'intendant et il lui tint ce discours :
« Ô toi qui es grand entre les grands, quand tu iras sur la mer de justice, le vent soufflera dans tes voiles et ton mât jamais ne se rompra. La vérité te mènera à bon port, car tu es un père pour l'orphelin, un mari pour la veuve, un frère pour le déshérité. Tu ne connais pas la cupidité, tu es l'ennemi du mensonge et l'ami de la vérité. tu es un seigneur qui sait prêter l'oreille aux opprimés. Écoute-moi, apaise ma douleur et fais-moi justice ! »
Rensi, qui d'habitude arrivait à peine à soutirer quelques paroles aux paysans taciturnes ou intimidés, fut très étonné par ce flot d'éloquence. Il promit à Khounanoup qu'il s'occuperait de son affaire dès le jour même et les jours suivants, puis il se rendit au palais, où il demanda audience au roi. Rensi s'inclina devant Nebkaourê.
« Seigneur souverain, dit-il, j'ai découvert un paysan qui ne sait ni lire ni écrire, mais qui parle avec une éloquence prodigieuse. C'est un pauvre homme ; un de mes fonctionnaires lui a volé ses ânes et sa marchandise et il est venu me demander de lui faire justice.
— Rensi, répondit le roi, tu as à cœur de défendre mon bonheur. Alors, garde ce paysan pendant quelque temps. Laisse-le plaider sans l'interrompre, et fais noter chaque parole qu'il prononcera. Tâche de pourvoir à tous ses besoins, ainsi qu'à ceux de sa famille. Ces paysans attendent toujours de n'avoir plus aucune provision pour venir commercer en Égypte. Aide-le, mais sois très discret ! »
Rensi obéit. Il veilla à ce que le paysan et sa famille ne manquent de rien. Quand Khounanoup vint le voir au tribunal, Rensi fronça les sourcils et parla d'un ton sec, mais le paysan ne parut pas se troubler pour autant.
« Grand seigneur, la justice est le gouvernail des cieux. Tu es un gouvernail de l'Égypte, l'égal de Thot qui tient la balance et qui est le juge le plus équitable. Si tu donnes ton appui au voleur, qui restera-t-il pour punir le crime ? Celui qui n'a rien peut voler sans honte, mais tu es grand, tu es riche, et tu es puissant. Seigneur, sois magnanime, sois juste ! »
Rensi écouta le paysan avec un secret plaisir. Un scribe caché derrière une tenture consignait chacune de ses paroles. Quand Khounanoup eut terminé son discours, Rensi se leva et sortit sans dire un mot, laissant le paysan à sa tristesse. Le lendemain matin, Khounanoup fit un véhément

discours contre les juges cupides et corrompus. Rensi ne dit rien, mais les gardes du tribunal rossèrent l'insolent, sous l'œil amusé de Nemtynakht.
Pendant encore cinq jours, le paysan vint plaider devant le tribunal et l'intendant continua à refuser de lui répondre. Le neuvième jour, Khounanoup était complètement désespéré. Il pensait à sa famille, qui avait dû épuiser toutes ses réserves de nourriture et allait mourir de faim s'il ne rentrait pas tout de suite. S'il n'obtenait pas justice ce jour-là, il lui faudrait renoncer à se défendre. Pour la dernière fois, Khounanoup s'agenouilla devant l'intendant.
« Grand seigneur, fais la justice, au nom du maître de justice, et garde-toi de faire le mal. Quand l'homme juste meurt, son nom n'est pas oublié sur la terre et son esprit est glorifié au royaume des morts. Telle est la loi divine. Sois juste dans tes paroles et dans tes actes, car la justice est puissante et éternelle. »
Le paysan leva les yeux sur le visage de l'intendant, mais Rensi restait immobile et silencieux.
« Un homme qui voyait est devenu aveugle, dit Khounanoup d'une voix triste. Un homme qui entendait est devenu sourd. Pendant neuf jours, j'ai plaidé en vain. Maintenant, je vais porter plainte auprès des dieux ! »
Il se leva et s'éloigna à grands pas. Rensi demanda aux gardes de le ramener dans le tribunal. Khounanoup était persuadé qu'on allait le punir pour avoir parlé avec une telle audace, et il dit :
« Quand la mort arrive, elle est comme un bol d'eau fraîche pour celui qui a soif. »
Pour la première fois, l'intendant sourit et parla au paysan : « N'aie crainte. Reste donc pour écouter tes plaidoiries. »
Un scribe s'avança et lut les neuf discours de Khounanoup.
Quelques instants après, le paysan tout ébahi se retrouvait dans le palais du roi, en train de baiser le sol devant Nebkaourê. Le roi lut les neuf discours et fut enchanté par l'éloquence et le courage du paysan. Il regarda Khounanoup en souriant.
Nemtynakht fut traîné de force dans la salle du trône. Roué de coups, il fut contraint d'avouer tous ses crimes devant le roi. Rensi fit mettre toutes les propriétés du fonctionnaire au nom de Khounanoup. Quand le paysan revint chez lui, il était riche et il savait que la justice régnait en Égypte.

# Le naufragé

DANS LA PÉRIODE de trouble qui suivit le déclin de l'Ancien Empire, une dynastie thébaine réussit à imposer son autorité en Haute-Égypte. Après avoir unifié le Sud, le grand roi Mentouhotep partit à la conquête du Nord. Vers l'an 2040 avant Jésus-Christ, les « deux terres » étaient de nouveau réunies. Une nouvelle période commençait, celle du Moyen Empire. On entreprit de grandes expéditions pour exploiter les mines d'or, de turquoise et d'améthyste, afin de reconstituer la richesse du pays. Un papyrus du Moyen Empire contient le récit d'un marin qui participa à l'une de ces expéditions.

Assis sur le pont d'un bateau qui descendait le Nil, l'un des fonctionnaires les plus estimés du roi méditait tristement. L'expédition qu'il dirigeait avait joué de malchance et maintenant il rentrait de Nubie sans avoir pu faire un plein chargement d'or. Il imaginait ce que le roi dirait en apprenant la mauvaise nouvelle, quand un autre fonctionnaire vint s'asseoir auprès de lui.

« Que tes vœux soient exaucés, commandant ! dit-il. Vois comme les hommes d'équipage se réjouissent et remercient les dieux de les mener à bon port ! Écoute ! Lave-toi, rase-toi et mets tes plus beaux vêtements. Quand le roi t'interrogera, tu lui répondras calmement, sans bredouiller. Il saura que tu n'as rien à te reprocher. La parole est puissante, elle peut toujours sauver un homme. »

Mais le commandant n'était pas d'humeur à se laisser réconforter. Il répondit d'un ton désabusé :

« Pourquoi gaspiller de l'eau pour une oie qui sera égorgée dans la matinée ? »

L'autre fonctionnaire s'appuya contre le siège du commandant et dit :

« Laisse-moi te raconter ma première expédition. J'étais un jeune homme pauvre quand je m'embarquai pour la première fois. Je fus enrôlé dans l'équipage d'un bateau en partance pour les mines de turquoise. C'était un fameux équipage : cent vingt hommes, et les meilleurs de toute l'Égypte. Nous voguions sur la mer Rouge, quand une tempête se leva tout soudain. Les flots étaient en fureur et une énorme vague brisa notre mât. Malgré tous nos efforts, le bateau sombra en quelques instants. Tous les hommes périrent, sauf moi. Une vague m'avait porté sur le rivage d'une île inconnue. Je rassemblai mes dernières forces pour me mettre au sec, dans un tas de bois d'épave. Je restai là trois jours et trois nuits. Enfin, poussé par la faim, je m'aventurai à l'intérieur de l'île.

Cette île était pareille à un jardin. Des oiseaux chantaient dans les palmiers dattiers et dans les figuiers chargés de fruits. Des rangées de concombres bordaient les étangs poissonneux. Il n'y avait pas un homme en vue. Je mangeai tout mon content, mais je n'oubliai pas les dieux. J'enflammai quelques brindilles et je fis brûler les restes de mon repas, en offrande aux dieux. C'est alors que j'entendis un grand bruit.

Je crus d'abord que c'étaient les mugissements de la mer, mais le sol commença à trembler et les arbres à ployer comme sous un vent d'orage. Quand je levai les yeux, je ne vis pas un orage, mais un énorme serpent. Il avait plus de trente coudées de long ; ses écailles d'or étaient incrustées de lapis-lazuli. Je tombai à plat ventre et j'attendis la mort. Mais le serpent me parla d'une voix sifflante.

"Qui t'a menée ici, petite créature ? Réponds-moi ou je te réduis en cendres !

J'étais paralysé par la peur. Comme je ne répondais pas, le serpent me prit dans sa gueule et me porta à son repaire. Il me posa doucement sur le sol, puis il me demanda de nouveau :

"Qui t'a menée ici, petite créature ?"

Sans oser le regarder, je lui racontai le naufrage de mon bateau et je lui dis que j'étais le seul rescapé. Le serpent se pencha sur moi et me dit gentiment :

"Ne crains rien, petite créature, ne blêmis pas, tu n'es pas en danger. Un dieu a voulu que tu vives et il t'a mené dans cette île enchantée, qui regorge de bonnes choses. Tu y passeras quatre mois, puis un bateau viendra, qui te ramènera en Égypte, dans ton village... Je comprends ta souffrance, petite créature. Soixante-quinze serpents vivaient dans cette île. C'était ma famille, mes sœurs, mes frères, mes enfants et la plus chère à mon cœur, la petite fille que les dieux m'avaient envoyée en réponse à mes prières. Une étoile est tombée sur l'île, et toute ma famille a péri dans les flammes. Je n'étais pas là quand l'étoile est tombée, mais lorsque j'ai découvert le monceau de cendres, j'aurais voulu être mort moi aussi."

Je baisai le sol devant le serpent et je lui dis :

"Quand je retournerai en Égypte, je parlerai de toi à notre roi. Je t'enverrai des huiles parfumées, des épices et de l'encens. Je dirai à tout le monde ce que tu as fait pour moi. Je ferai faire des sacrifices dans mon temple. Je demanderai au roi qu'il t'envoie un plein bateau des meilleurs produits de l'Égypte."

Le serpent doré fut secoué d'un grand rire.

"Tu n'es pas riche, petite créature. L'Égypte n'est pas riche en huiles, épices et encens. Je suis le seigneur de Pount, le maître du champ de balsamiers ; cette île abonde en huile, et en épices et en encens. Et pour ce qui est de m'envoyer des présents... quand tu auras quitté cette île, tu ne pourras plus jamais la trouver."

J'avais honte de ma sottise, mais le serpent fut très gentil avec moi. Je coulai des jours heureux auprès de lui. Je restai quatre mois dans cette île, et un jour, alors que je m'étais juché dans un arbre, j'aperçus un bateau à l'horizon. Il semblait se rapprocher. Je courus annoncer la nouvelle au serpent, mais il était déjà en train d'attirer le bateau grâce à son pouvoir magique.

"Tu vas bientôt rentrer chez toi, me dit-il. Garde toujours un bon souvenir de moi, c'est tout ce que je te demande."

Il me donna un plein chargement de myrrhe, d'huiles, d'épices et de parfums, de défenses d'éléphants et de queues de girafes, de chiens de chasse et de singes dressés, et toutes sortes de choses précieuses. Je baisai le sol devant le serpent et il me dit encore :

"Adieu ! Dans deux mois, tu seras dans ta maison, avec ta famille. Tu seras heureux jusqu'à la fin de tes jours."

Je racontai mon histoire aux membres de l'équipage. Ils chantèrent les louanges du seigneur de l'île.

Une fois arrivés en Égypte, nous offrîmes la précieuse cargaison au roi lui-même. Pour me remercier, il me donna une charge de fonctionnaire, avec des terres et des serviteurs.

Vois-tu, commandant, il ne faut jamais désespérer. Un malheur peut se changer en bonne fortune. Nul ne connaît les desseins des dieux. »

# Le prince et le sphinx

AU XVIIe SIÈCLE avant Jésus-Christ, le Moyen Empire s'écroula sous le choc des invasions étrangères. Il y avait déjà longtemps que des habitants de la Palestine s'étaient installés dans le delta du Nil, et Joseph et ses frères, dont la Bible nous conte l'histoire, ont probablement vécu à cette époque. Au début, les étrangers et les Égyptiens voisinèrent pacifiquement. Les Palestiniens apportèrent de nouvelles techniques, telles que le coulage du bronze. Ils introduisirent l'utilisation des chars tirés par des chevaux, la fabrication de nouvelles épées et de nouveaux arcs.

Par la suite, les Égyptiens affirmèrent que ces étrangers, qu'ils appelaient les Hyksos, avaient envahi le delta et opprimaient le pays. Il est vrai que des rois étrangers gouvernèrent le Nord, en extorquant des impôts aux habitants du Sud, entre 1640 et 1523 avant Jésus-Christ. Les plus puissants d'entre eux furent les « grands » Hyksos, qui avaient établi leur capitale à Avaris et qui régnaient sur la partie orientale du delta.

Les Hyksos adoptèrent la plupart des coutumes et des croyances égyptiennes. Cependant, les monarques thébains de la XVIIe dynastie (v. 1640-1550 av. J.-C.) ne tardèrent pas à unifier le Sud et à s'opposer aux Hyksos.

Les Thébains régnaient sur un territoire assez limité. Au sud, la Nubie avait acquis son indépendance. Au nord s'étendait le royaume des Hyksos, et les rois thébains devaient payer un tribut aux roix d'Avaris. Peu à peu, les Thébains repoussèrent les Hyksos ; ils s'emparèrent d'Avaris et obligèrent les rois étrangers à se réfugier en Palestine.

Le roi Aménophis Ier (1525-1504 av. J.-C.) réunifia l'Égypte et continua à combattre les Hyksos jusqu'à la victoire finale. Ce faisant, il conquit la plupart des cités-États de Palestine.

Les territoires soumis à l'Égypte s'étendirent vers le Moyen-Orient et ce fut le début du Nouvel Empire.
Thoutmosis I^er^ succéda à son beau-père Aménophis. Il acheva la reconquête de la Nubie et ses armées franchirent au nord des limites jamais atteintes jusque-là. Sous le règne de son petit-fils Thoutmosis III, l'Égypte étendit sa domination sur la majeure partie de la Syrie et devint la plus grande puissance du Moyen-Orient. Thoutmosis III attribuait ses victoires à Amon, le dieu tutélaire des XVII^e^ et XVIII^e^ dynasties.
Amon était autrefois le « dieu caché » des forces invisibles, mais, comme il était le dieu de Thèbes, les rois thébains en avaient fait une divinité nationale.
Peu à peu, ils l'identifièrent à Amon-Rê, le Créateur, roi des dieux. Le culte d'Amon-Rê, de sa femme Mout et de son fils Khonsou était célébré dans le grand temple de Karnak, à l'est de Thèbes.
Thoutmosis III fit graver le récit de ses exploits sur les murs de Karnak, avec l'inventaire des butins qu'il offrait aux dieux : or, argent, chevaux, chars... Le fils de Thoutmosis, Aménophis II (v. 1427-1401 av. J.-C.), s'illustra par ses talents militaires et par sa force physique. Il mesurait plus de 1,80 mètre, ce qui était extrêmement rare chez les anciens Égyptiens. Près du sphinx de Gizeh, une inscription nous apprend que le roi Aménophis n'avait pas son égal à la course d'avirons, au tir à l'arc et à la course en chars.
Le grand sphinx de Gizeh est sans doute la plus célèbre des statues égyptiennes. Cette énorme figure taillée dans un bloc de pierre, en plein désert, au sud des grandes pyramides, a été sculptée il y a plus de quatre mille cinq cents ans. Elle mesure quelque soixante-quinze mètres de long et une vingtaine de mètres de haut. Le sphinx a un corps de lion et une tête d'homme. Les Égyptiens le vénéraient comme une forme du dieu Soleil, à laquelle ils donnaient le nom d'Harmakhis.
Les vents de sable ont recouvert la statue à maintes reprises. En 1818, un groupe d'Européens nettoya le sphinx et mit au jour une stèle dressée entre les pattes du lion. Sur la stèle était gravée l'histoire d'une rencontre entre le sphinx et un fils du roi Aménophis II.
Aménophis avait plusieurs fils, mais c'était le beau prince Thoutmosis que le peuple préférait. Thoutmosis était plus fort que ses frères et c'était un grand sportif. Le prince aimait s'évader du fastueux palais de Memphis avec un ou deux amis pour conduire son char dans la solitude du désert. Là, il s'amusait à chasser le lion, à faire des courses de chars, ou à viser des cibles en cuivre avec ses flèches.
Un jour que Thoutmosis allait chasser dans le désert, il passa devant le grand sphinx de Gizeh. Seule la tête du sphinx était visible, tout le reste était enseveli sous une épaisse couche de sable. Or, le soleil était si chaud que Thoutmosis et ses amis décidèrent de se reposer un peu à l'ombre du sphinx. Thoutmosis s'assit sur un coin de sable frais, s'appuya contre la joue en pierre du sphinx et s'endormit.
Alors, le prince eut un songe. Il rêva qu'il était debout entre les gigantesques pattes de la statue et que la voix du sphinx retentissait soudain dans le désert :
« Thoutmosis, mon fils, je suis ton père. Je suis le dieu Soleil, je suis Khépri, Atoum et Rê, je suis Harmakhis ! Écoute-moi, et je te donnerai mon royaume sur la terre. Tu seras à la tête du monde vivant. Tu porteras la couronne blanche et la couronne rouge. Tu régneras sur toutes choses que l'œil du Soleil éclaire. Toutes les nations déposeront leur tribut à tes pieds et tu vivras longtemps, parce que mon cœur s'est tourné vers toi. Tout cela sera réalisé si tu veux me servir. Vois ! Les sables du désert m'encombrent et pèsent sur mes membres. Débarrasse-moi de ce sable, et je te traiterai comme un fils ! »
Quand Thoutmosis se réveilla, il s'empressa de retourner à Memphis pour faire des offrandes à Harmakhis.
En quelques jours, il constitua des équipes d'ouvriers pour ramasser le sable et le transporter dans des paniers.
Peu à peu le sphinx fut libéré des sables du désert. Harmakhis tint sa promesse et, le moment venu, Thoutmosis succéda à son père. Durant tout son règne, Thoutmosis IV honora le grand sphinx.

# La prise de Joppé

QUAND LE ROI Thoutmosis III monta sur le trône d'Égypte, au XVe siècle avant Jésus-Christ, il entreprit de longues guerres en Syrie et en Palestine, pour étendre l'empire égyptien. Les princes des cités qui tombaient aux mains des Égyptiens pouvaient continuer à gouverner à condition de rester fidèles à Thoutmosis et de lui payer un tribut annuel. Un manuscrit nous apprend que le prince cananéen de Joppé (c'est l'ancien nom de Jaffa) s'était insurgé contre l'Égypte.

Comme le manuscrit est en très mauvais état de conservation, on ne connaît pas le début de l'histoire. Toujours est-il que Thoutmosis fut informé de cette insurrection et qu'il voulut la mater avant que d'autres cités ne soient tentées de suivre cet exemple. Le roi était retenu en Égypte par d'autres affaires, mais il envoya une armée commandée par l'un de ses meilleurs généraux, un certain Djehouty. Pour que les soldats comprennent bien qu'ils devaient obéir à Djehouty de la même façon qu'ils auraient obéi à leur roi, Thoutmosis donna au général sa propre massue de guerre, tout en or et ébène.

Djehouty et ses hommes débarquèrent près de Joppé, sur le rivage méditerranéen, et établirent leur campement. La ville était entourée d'épaisses murailles. La seule entrée était flanquée de deux tours gardées par des archers. Un héraut envoyé par Djehouty se plaça devant la porte de la ville et cria :

« Rebelles de Joppé, au nom du fils de Rê, Horus doré, seigneur des Deux-Terres, roi de Haute et de Basse-Égypte, au nom de Thoutmosis, rendez-vous ! Rendez-vous, ou venez vous battre hors des murs de la cité ! »

La réponse ne se fit pas attendre. Le prince de Joppé refusait de se rendre ; mais il ne voulait pas non plus sortir de la ville pour se battre. Il était trop prudent pour exposer ses hommes à un tel péril. Djehouty n'avait plus qu'à attaquer la ville. Portant leur bouclier au-dessus de leur tête pour se protéger des flèches, les Égyptiens marchèrent sur Joppé. Ils dressèrent des échelles et des tours en bois contre les murs. Mais les assiégés assommèrent tous les hommes qui tentaient de grimper en haut des remparts, et ils incendièrent les tours en lançant des flèches enflammées. Après trois heures de combat acharné, Djehouty ordonna à ses troupes de se replier sur leur campement. Les Égyptiens avaient essuyé de lourdes pertes, alors que la garnison de Joppé n'avait subi à peu près aucun dommage.

Ce soir-là, dans sa tente, le général se demanda ce qu'il allait faire. Il ne semblait pas possible de lancer l'assaut contre la ville, et un siège

pourrait durer un an. Il fallait essayer la ruse.
Le lendemain matin, Djehouty donna à son héraut une lettre pour le prince de Joppé. Les soldats postés au sommet des remparts firent descendre un panier attaché au bout d'une corde, remontèrent la lettre et la firent porter au palais. C'était encore une demande de reddition, mais le regard du prince s'arrêta au bas de la lettre, sur un message griffonné de la main de Djehouty. Le général reconnaissait qu'il ne pourrait pas prendre Joppé. Il disait qu'il avait peur de la colère de Thoutmosis et qu'il était prêt à se ranger aux côtés du prince. En conséquence, il invitait le prince de Joppé à négocier un accord.
Le prince répondit aussitôt. Il acceptait de faire une trêve et de rencontrer Djehouty en terrain découvert, entre la ville et le campement égyptien. Peu après midi, la lourde porte s'ouvrit pour laisser passer les chars du prince et de vingt officiers, puis elle se referma derrière eux.
Djehouty était accompagné lui aussi par vingt de ses officiers, tous sans armes. Il invita le prince à discuter devant des coupes de bon vin. Quelques instants après, les Égyptiens et les hommes de Joppé étaient assis sur un terrain bien visible depuis la ville, et ils parlaient tout en buvant du vin. Le prince fut bientôt persuadé que Djehouty était sincère.
« Ma femme et mes enfants sont dans ce campement, dit le général. Ce soir, je les enverrai dans votre palais, en gage de ma bonne foi. Et dès demain, cette armée sera à vos ordres. Buvons à la liberté de Joppé ! »
Personne ne s'était aperçu que Djehouty ne buvait pas. Tous les autres étaient déjà à moitié ivres quand le général dit au prince :
« Envoyez un messager à Joppé pour annoncer la bonne nouvelle ! Mais nous avons encore des choses à nous dire, et des coupes de vin à vider. Je trouve qu'il est bien cruel de laisser les chevaux dans la chaleur et dans la poussière, allons plutôt au campement ! »
Le prince de Joppé se laissa inviter à discuter de la récompense de Djehouty seul à seul avec le général, dans sa tente. En chemin, le prince dit à Djehouty :
« On raconte que Thoutmosis vous a confié sa propre massue de guerre. J'aimerais bien la voir. »
Djehouty fit entrer le prince dans sa tente. Il ouvrit un coffre en bois de santal, prit la massue et se retourna vers le prince.
« Voilà la massue du roi Thoutmosis, le jeune lion, le fils de Sekhmet. Rebelle de Joppé, vous allez éprouver la colère du roi ! »
Là-dessus, Djehouty assomma le prince d'un coup de massue. Il ligota son prisonnier avec des lanières de cuir renforcées de cuivre, puis il envoya un messager auprès du cocher du prince.
« Mon général a préparé des présents pour les habitants de Joppé, dit le messager. Ton prince veut que tu escortes les porteurs jusqu'au palais et que tu dises à la princesse de Joppé qu'elle se réjouisse car les Égyptiens ont capitulé. »
Le cocher conduisit le char doré du prince devant la porte de la ville. Les porteurs égyptiens le suivaient à pied. Les cadeaux de Djehouty remplissaient deux cents paniers ; chaque panier était accroché à un long bâton tenu par deux porteurs. Voyant que les porteurs égyptiens n'avaient pas d'armes, les sentinelles dirent à six hommes d'ouvrir la porte.
Les Égyptiens entrèrent dans la ville. Quand les six hommes commencèrent à refermer la porte, les porteurs posèrent leurs paquets et se précipitèrent sur la porte pour la tenir ouverte. De chaque panier jaillit un soldat égyptien muni de trois épées : une pour lui-même et deux pour ses porteurs. Le reste de l'armée marchait déjà sur la ville.
En quelques instants, la cité fut envahie par les troupes égyptiennes et les habitants de Joppé durent se rendre. Le lendemain, un bateau partit pour l'Égypte, portant à son bord les trésors du palais de Joppé et des prisonniers, parmi lesquels se trouvaient le prince et sa famille.
Le roi Thoutmosis loua les dieux pour la prise de Joppé, et il félicita Djehouty pour sa ruse.

# Le destin du prince

LE ROI D'ÉGYPTE se désolait de ne pas avoir de fils. Il fit des offrandes aux dieux dans tous les temples de son pays, en les priant de lui donner un héritier. Enfin, les dieux décrétèrent que son vœu serait exaucé. Le roi s'en retourna bien vite auprès de sa femme et, neuf mois plus tard, la reine donna naissance à un beau petit garçon.

Un soir, alors que l'enfant dormait, entouré de pages et de servantes et gardé par des soldats, les sept Hathor vinrent prédire sa destinée. Nul n'avait vu entrer les déesses, nul n'avait entendu leurs pas, mais soudain elles firent un cercle autour de l'enfant et se penchèrent sur son visage endormi.

« Il mourra à cause d'un crocodile, d'un serpent ou d'un chien. »

Après avoir prononcé ces funestes paroles, les Hathor disparurent aussi mystérieusement qu'elles étaient apparues. Les servantes coururent prévenir le roi. Quand il apprit la terrible prédiction des déesses, le roi décida de tenter l'impossible pour sauver son fils. Il fit construire un somptueux palais en plein milieu du désert occidental pour abriter son fils et tous ses domestiques.

Le prince n'avait pas le droit de sortir du palais. À l'âge de sept ans, il ignorait encore l'existence des animaux. Or, un beau jour, le jeune prince découvrit un escalier qui conduisait sur le toit du palais. Là, il se mit à regarder les vastes étendues de sable rouge et il aperçut un homme qui se promenait avec un chien. Le prince ne pouvait détacher son regard de cet animal. Il était fasciné. Quand un domestique vint le chercher sur le toit, il lui demanda aussitôt :

« Qu'est-ce qui est avec cet homme ? »

Le domestique hésita à répondre, puis il finit par dire que c'était un lévrier.

« Tu m'en donneras un tout pareil ? » demanda le prince.

L'enfant voulait un chien, et rien d'autre ne lui faisait plaisir. Le domestique ne savait plus que faire. Il s'en alla demander conseil au roi.

Le roi s'inquiéta vivement, mais comme il ne voulait pas que son fils soit malheureux, il dit :

« Donne-lui le plus petit chiot que tu pourras trouver. Il sera sûrement très content. »

Le jeune prince fut enchanté d'avoir un chiot. Il passa des journées entières à jouer avec lui, sous l'œil attentif de ses domestiques. Puis le chiot grandit, devint un chien très affectueux et tout le monde oublia le danger.

Des années s'écoulèrent et le prince commençait à s'irriter d'être toujours enfermé. Il en vint à considérer le palais comme une prison. Alors, les domestiques lui parlèrent de la prédiction des sept Hathor, espérant convaincre le prince qu'il devait rester tranquillement dans son palais du désert. Mais le jeune homme ne fut pas convaincu. Il envoya un message à son père :
« Pourquoi m'obliges-tu à rester ici ? Tu sais bien que tu ne peux pas lutter contre ma destinée. Laisse-moi vivre selon mon cœur, jusqu'à ce que les dieux décident de m'appeler à eux. »
Le roi fut profondément attristé par ce message. Pourtant, il comprenait bien que son fils avait raison. Il envoya au prince un char doré tiré par deux chevaux blancs, une magnifique épée, un carquois garni de flèches et une lettre où il disait à son fils qu'il pouvait aller où il voulait. Le prince traversa le Nil et pénétra dans le désert oriental, en s'émerveillant de tout ce qu'il voyait. Il n'avait pas remarqué qu'un énorme crocodile était sorti du fleuve et le suivait.
Le jour, le prince chassait les animaux du désert, les bouquetins et les autruches, les gazelles et les onagres. La nuit, il dormait à la belle étoile. Le jour et la nuit, le crocodile le suivait.
Le jeune homme dirigeait son char vers le nord. Au bout de plusieurs semaines, il arriva au royaume de Nahareïn. Or le roi de Nahareïn n'avait pas de fils. Il avait une fille unique et il ne savait comment choisir parmi les nombreux prétendants, qui étaient tous des princes de Khouri. Il fit construire une tour dont la seule fenêtre se trouvait à soixante-dix coudées (trente-cinq mètres) au-dessus du sol. Le roi annonça qu'il avait enfermé sa fille dans la tour et qu'il la donnerait pour femme à celui qui pourrait atteindre la fenêtre d'un seul bond. Les princes de Khouri se rassemblèrent au pied de la tour. Jour après jour, semaine après semaine, ils essayèrent de sauter jusqu'à la fenêtre. Aucun d'entre eux ne pouvait sauter aussi haut, mais ils persévéraient parce que, de temps à autre, ils apercevaient la princesse à la fenêtre. Et quand on voyait la princesse, il était impossible de ne pas l'aimer.
Un matin, le prince d'Égypte arriva avec son char près de cette tour. Il était épuisé, et ses pieds étaient meurtris, car il était resté très longtemps debout dans son char. Les princes de Khouri firent bon accueil au jeune étranger. Ils lui pansèrent les pieds, appliquèrent des huiles parfumées sur sa peau brûlée par le soleil, lui firent servir un bon repas et l'invitèrent à se reposer dans une de leurs tentes. Après quoi, ils lui demandèrent qui il était.
Le prince d'Égypte ne voulait pas parler de la fatalité qui pesait sur lui. Il répondit :
« Je suis le fils d'un officier égyptien. Ma mère est morte. Mon père s'est remarié mais ma belle-mère me déteste et je ne pouvais plus supporter sa méchanceté. Alors je me suis enfui. »
Les princes de Khouri eurent pitié du jeune homme. Il lui demandèrent de rester avec eux. Le prince d'Égypte accepta avec joie et, bientôt, il demanda à ses nouveaux amis ce qu'ils faisaient dans ce campement, au pied de la tour.
« Cela fait maintenant trois mois que nous essayons de sauter jusqu'à la fenêtre de cette tour, expliqua l'un d'entre eux. Le roi de Nahareïn a promis sa fille à celui qui parviendra d'un bond à la fenêtre.
— Si je n'avais pas aussi mal aux pieds, dit le prince d'Égypte, je tenterais ma chance ! »
Les princes de Khouri rirent de bon cœur. Ils n'auraient jamais imaginé que le jeune homme parlait sérieusement.
Le lendemain matin, les princes de Khouri essayèrent encore d'atteindre la fenêtre, et le prince d'Égypte se mit un peu à l'écart pour les observer. Soudain, la princesse de Nahareïn parut à sa fenêtre. Elle ne pouvait s'empêcher de rire des efforts désespérés de ses prétendants. C'est alors qu'elle remarqua un bel étranger debout devant une tente. La jeune fille espérait qu'il allait lever les yeux vers elle, mais il ne semblait pas l'avoir vue.
Les jours suivants, la princesse vint chaque matin à sa fenêtre. Les princes de Khouri étaient enchantés ; ils n'avaient pas compris qu'elle était attirée par le jeune étranger. Enfin, le matin du septième jour, le prince d'Égypte leva les yeux et leurs regards se croisèrent. D'un seul bond, il sauta sur le rebord de la fenêtre. La princesse l'accueillit avec un baiser.
Un domestique courut chez le roi de Nahareïn pour lui annoncer qu'un homme avait réussi à atteindre la fenêtre de sa fille.
« Quel est le nom de ce prince de Khouri ? demanda le roi.
— Majesté, ce n'est pas un prince, répondit le domestique. C'est le fils d'un officier égyptien qui s'est enfui pour échapper à sa marâtre.
— Comment ! Et il faudrait que je donne ma fille à un fuyard, un inconnu ? Renvoie-le immédiatement ! »
Le domestique s'empressa de transmettre le mes-

sage au prince d'Égypte. La princesse se serra contre le jeune homme et s'écria :
« Par Rê-Horakhty, je jure que si on l'éloigne de moi, je ne mangerai rien, je ne boirai rien jusqu'à son retour ! »
Le domestique courut de nouveau chez le roi, pour lui dire ce qui se passait. Alors le roi se mit en colère. Il envoya des soldats dans la tour, pour tuer l'étranger. Cette fois, la princesse jura qu'elle ne survivrait pas au jeune homme.
Les soldats n'osèrent pas tuer l'étranger, et le roi, de plus en plus fâché, demanda qu'on lui amène sa fille ainsi que le prétendant. Quand le roi de Nahareïn vit le prince d'Égypte, il fut impressionné par sa dignité et par sa noble prestance. Il soupira et il donna au prince le baiser de paix.
Le mariage fut célébré dans la journée. Le roi de Nahareïn donna aux jeunes mariés un somptueux palais où ils vécurent heureux.
Le crocodile qui avait suivi le prince d'Égypte se coula dans les eaux froides de l'étang qui ornait les jardins du palais, bien décidé à attendre son heure. Mais un génie vivait dans cet étang, et il n'avait pas envie de partager son domaine avec un crocodile. Pendant trois mois, le crocodile et le génie se disputèrent âprement la possession de l'étang. Ainsi, au moins pour un moment, le prince était à l'abri de l'une des trois menaces qui pesaient sur sa destinée.
Cependant, le prince d'Égypte ne put continuer longtemps à mentir à sa femme. Quand il lui parla de la prophétie des sept Hathor, elle jeta un regard effrayé sur le chien qui était toujours auprès de son maître, tranquillement couché à ses pieds. La princesse supplia son mari de faire tuer cet animal.
« Mais non, voyons, répondit le prince en souriant, il a grandi à mes côtés. Je ne veux pas le voir mourir ! »
La princesse n'insista pas, mais, à partir de ce jour-là, elle veilla sur son mari avec une sollicitude de tous les instants. Un soir, après un somptueux festin, le prince d'Égypte s'étendit sur son lit et s'endormit aussitôt. Sa femme lutta contre le sommeil pour veiller sur lui. Soudain, un serpent sortit d'une fissure du mur et commença à s'approcher du lit. La princesse saisit le flacon de vin qui était posé au chevet du lit, le vida dans un bol et plaça le bol entre le lit et le serpent. Le serpent plongea la tête dans le bol et but tout le vin. Sans attendre, la princesse remplit le bol avec de la bière. Le serpent avala le liquide d'un trait. Ivre mort, il se coucha sur le sol, incapable de bouger.
La princesse appela les gardes, qui coupèrent le serpent en menus morceaux. Le bruit réveilla le prince. Il demanda ce que les gardes faisaient là. Sa femme lui montra les morceaux de serpent, en disant :
« Assurément, Rê veut te protéger contre ton destin. Il t'a déjà permis d'écarter une des menaces. »
Un jour où le prince s'était réveillé avant sa femme, il décida de faire une promenade dans son domaine. Il sortit avec son chien et se dirigea vers le fond du jardin. Là, il s'arrêta pour admirer l'étang bordé de palmiers et pour caresser son chien. Mais l'animal grogna en montrant les dents :
« Prince, je suis ton destin ! »
Le prince s'enfuit à toutes jambes, avec le chien sur ses talons. En désespoir de cause, il entra dans l'étang. Le chien, pris de court, se mit à piétiner rageusement la berge de l'étang. Juste au moment où le prince se croyait sauvé, le crocodile se dressa dans son dos, le saisit entre ses puissantes mâchoires et le traîna vers le milieu de l'étang.
« Prince, je suis ton destin, grogna le crocodile. Je t'ai suivi pour te tuer, mais, depuis trois mois, je lutte contre le génie de cet étang. Si tu m'aides à venir à bout de mon ennemi, je te laisserai la vie sauve. »
Quand le génie revint dans l'étang...
La suite du manuscrit est perdue, et nous ne connaîtrons jamais la fin de l'histoire telle qu'elle fut rédigée voilà plus de trois mille ans. Mais nous pouvons supposer qu'elle continuait ainsi :
Quand le génie revint dans l'étang, l'eau se mit à bouillonner, mais le prince se sentit paralysé par un grand froid. Chaque nuit, le génie quittait son étang pour aller chercher sa nourriture, et chaque matin avant l'aube il revenait dans l'eau fraîche, car il ne supportait pas la chaleur du soleil. Dès qu'il aperçut son ennemi, le crocodile se jeta sur lui. Tous deux roulèrent sur la vase de l'étang. Ils luttèrent sauvagement, mais, comme d'habitude, ni l'un ni l'autre n'arrivait à prendre le dessus, parce qu'ils étaient à égalité de forces. Avec l'énergie du désespoir, le prince brandit son poignard de bronze et assena un grand coup sur le dos du génie. Toutefois, l'eau amortit le choc, et les écailles du génie étaient si dures que la lame de bronze glissa dessus. Le génie tourna la tête ; ses yeux rouges lançaient des éclairs menaçants.

Le prince essaya de s'enfuir, mais le génie s'agrippa à lui.
Pendant tout ce temps, le chien n'avait cessé de tourner autour de l'étang en aboyant et en grondant. Quand la princesse de Nahareïn s'était aperçue que son mari était sorti, elle avait couru dans le jardin et elle avait entendu le chien. Très inquiète, elle avait appelé un garde du palais et, maintenant, tous deux s'approchaient de l'étang. Sur un ordre de la princesse, le garde ajusta une flèche dans son arc. Dès que le chien bondit vers lui, il tira et la flèche se planta dans la gorge de l'animal, le tuant sur le coup. Alors, la princesse poussa un grand cri, car elle venait d'apercevoir son mari aux prises avec un génie au beau milieu de l'étang. Le garde ajusta une autre flèche, mais il n'osa pas tirer, de peur de blesser le prince.
Le génie donnait des coups de griffes, resserrait de plus en plus son étreinte. Sentant qu'il n'avait plus que quelques instants à vivre, le prince leva les yeux et pria désespérément.
Soudain, les nuages s'écartèrent et laissèrent passer les rayons du soleil. Aussitôt, le prince sentit que le génie le serrait moins fort. Les yeux rouges semblaient aveuglés par la lumière et les écailles tout près de fondre à la chaleur. Le génie n'avait plus qu'une hâte : se réfugier dans l'eau fraîche. Il lâcha son adversaire, et, aussitôt, le prince leva son poignard. Il le planta dans l'œil du génie, qui s'effondra en heurtant la jambe du prince. Sur la berge, la princesse poussa un cri d'horreur en voyant tomber son mari. Mais elle n'était pas au bout de ses surprises, car un crocodile mit le prince sur son dos et le ramena sur la berge.
Malgré tout ce qui s'était passé, le prince s'affligea de la mort de son chien. Il lui offrit un enterrement digne du serviteur d'un roi. Il donna l'étang au crocodile et lui fit faire des offrandes quotidiennes, si bien que le crocodile engraissa au point de ne plus pouvoir se déplacer. Le prince invita le roi de Nahareïn à un splendide festin et il lui révéla enfin sa véritable identité. Le roi fut ravi d'apprendre que sa fille avait épousé le fils unique d'un gouvernant bien plus puissant que tous les princes de Khouri.
Quelque temps après, le prince et la princesse allèrent en Égypte. Ils dirent au roi que son fils avait échappé aux trois fatalités. Et ils firent construire un nouveau temple pour Rê, dont le pouvoir est plus fort que le destin.

# Les deux frères

ANOUPOU ET BATAOU étaient deux frères qui s'aimaient tendrement. Anoupou, l'aîné, était marié et possédait une ferme. Bataou habitait chez son frère et sa belle-sœur, et il était heureux de travailler pour eux. Il labourait la terre, faisait la moisson, trayait les vaches, ramassait du bois et accomplissait toutes sortes de tâches. Nul n'était plus vigoureux ni plus vaillant que lui. Il connaissait si bien les animaux qu'il comprenait leur langage, et c'étaient les bêtes qui lui disaient où il devait les mener pâturer pour qu'elles aient l'herbe la plus grasse. Ainsi, le troupeau et la ferme prospéraient grâce à Bataou.

Un matin, Anoupou dit à son frère :

« Tu prépareras les bœufs et les graines pour demain, il est temps de commencer à labourer et à semer. »

Pendant plusieurs jours, les deux frères labourèrent les champs et semèrent l'orge et le froment. Ils travaillaient de bon cœur, mais, quand ils arrivèrent au dernier champ, ils n'avaient plus assez de graines. Anoupou demanda à son frère de lui apporter d'autres graines. Bataou retourna à la ferme et chercha la femme de son frère, car c'était elle qui s'occupait de la réserve. Elle était assise au soleil et elle tressait ses cheveux qu'elle venait de laver.

« Donne-moi des graines, dit Bataou. Anoupou m'attend, je dois faire vite. »

La femme d'Anoupou répondit sans lever la tête :

« La réserve est ouverte. Va chercher les graines toi-même, tu vois bien que je suis occupée. »

Bataou mesura les graines pour prendre exactement la quantité nécessaire. Il sortit de la ferme en portant un lourd fardeau sur son épaule. Pourtant, son dos était bien droit et son pas alerte. La femme d'Anoupou le regarda à travers l'écran de ses longs cheveux.

« Combien en as-tu pris ? demanda-t-elle.

— La valeur de trois sacs de froment et de deux sacs d'orge.

— Comme tu es fort ! dit la femme d'Anoupou, pleine d'admiration. Tu es fort et tu es beau ! »

La femme d'Anoupou se leva pour caresser les muscles de Bataou.

« Viens dans la maison, dit-elle. Juste pour une heure. Je te promets qu'Anoupou ne saura rien. »

Bataou posa son fardeau par terre, recula de quelques pas et s'écria :

« Que dis-tu ? Tu imagines que je vais trahir mon frère, qui m'a élevé ? Il est comme un père pour moi, et toi, tu devrais être comme

une mère ! Je ne te dénoncerai pas, mais ne me parle plus jamais sur ce ton ! »

Il reprit son chargement de graines et partit dans les champs.

La femme d'Anoupou était très vexée que Bataou ait repoussé ses avances, et elle avait peur qu'il raconte ce qu'elle avait fait. Elle déchira ses vêtements, se barbouilla le visage de graisse et de suie et s'allongea sur son lit.

Quand les deux frères eurent terminé leurs travaux dans les champs, Bataou conduisit les bêtes à l'étable, pendant qu'Anoupou rentrait directement à la maison. Il sentit tout de suite que quelque chose n'allait pas. Il n'y avait pas de feu dans la cheminée, pas d'odeur de cuisine, et sa femme ne vint pas à sa rencontre comme elle le faisait d'habitude.

Anoupou la trouva étendue sur son lit. Elle gémissait, ses vêtements étaient déchirés et elle semblait couverte de contusions. Anoupou s'agenouilla au chevet du lit et demanda à savoir

ce qui s'était passé. Sa femme lui répondit en sanglotant :
« Quand ton frère est venu chercher la semence, il a essayé de m'embrasser, mais je l'ai repoussé. Je lui ai dit que tu étais comme un père pour lui et qu'il devait me respecter comme une mère. Il s'est fâché. Il m'a cruellement battue, et il m'a dit que si je te parlais, il me battrait encore. Je t'en prie, tue-le ! Sinon, je ne pourrai jamais trouver le repos ! »
Anoupou crut cette histoire. Sa colère était aussi terrible que celle d'un léopard. Il affûta une lance et se dissimula derrière la porte de l'étable. Bataou était allé chercher le troupeau au pâturage. Il rentra à la tombée de la nuit. La vache qui était en tête du troupeau se tourna vers lui et meugla doucement :
« Ton frère se cache derrière la porte de l'étable ; il a une lance dans la main. Il veut te tuer. Sauve-toi avant qu'il ne soit trop tard ! »
Bataou ne pouvait croire une chose pareille. Il donna quelques tapes amicales à la vache et il la fit rentrer dans l'étable. Quand la deuxième vache lui donna le même avertissement, Bataou se baissa pour regarder sous la porte. Il vit les deux pieds de son frère. Bataou se mit à courir à toutes jambes, mais Anoupou se lança à sa poursuite. Comme la colère décuplait ses forces, Anoupou n'allait pas tarder à rattraper son frère. À bout de souffle et ruisselant de sueur, Bataou adressa une prière à Rê :
Ô toi qui discernes entre le crime et l'innocence, protège-moi ! »
Rê exauça la prière de Bataou. Il fit couler entre les deux frères une rivière large et profonde, remplie de crocodiles affamés. Anoupou n'osa pas traverser et, dans sa fureur, il se perça une main avec sa lance. Sur l'autre rive, Bataou cria :
« Mon frère, Rê livre le méchant au juste, mais il nous a séparés. Pourquoi as-tu essayé de me tuer avant même de m'avoir entendu ?
— N'as-tu pas essayé de séduire ma femme ?
— Par Rê, c'est un mensonge ! Quand je suis allé à la réserve, c'est ta femme qui a essayé de me séduire, et c'est moi qui l'ai repoussée. Tu as failli tuer ton frère pour une misérable menteuse ! Je jure sur mon propre sang que j'ai dit la vérité ! »
Bataou prit le couteau qu'il portait à la ceinture et se fit de profondes blessures. Quand il vit jaillir le sang, Anoupou comprit que son frère n'avait pas menti et il en eut le cœur navré. Bataou s'écroula par terre, épuisé par la perte de

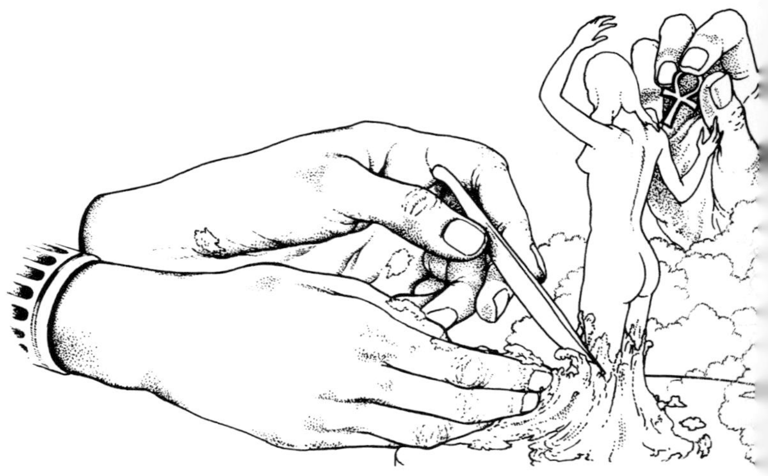

son sang. Anoupou aurait voulu se porter à son secours, mais il ne pouvait traverser la rivière.
« Nous devons nous séparer, dit Bataou d'une voix faible. J'irai chercher l'apaisement dans la vallée du Cèdre. Je cacherai mon cœur dans le cèdre, et si jamais on abat cet arbre, je serai en danger de mort. Si une cruche de bière se met soudain à fermenter entre tes mains, tu sauras que le pire est arrivé. Tu devras venir dans la vallée du Cèdre pour retrouver mon cœur, même si tu dois chercher sept ans. Quand tu l'auras trouvé, tu le mettras dans un bol d'eau fraîche et je reviendrai à la vie. »
Anoupou promit de faire ce que Bataou demandait. Il rentra tristement chez lui. Il tua sa femme avec la lance qu'il avait affûtée pour son frère, et il jeta le cadavre aux chiens.
Au bout de plusieurs jours, Bataou arriva dans la vallée du Cèdre, qui s'étend entre les collines du désert, tout près de la mer. Ses blessures se cicatrisèrent peu à peu. Il se construisit une jolie maison à l'ombre du grand cèdre qui avait donné son nom à la vallée ; puis il cacha son cœur dans les branches de l'arbre. Il chassait les animaux du désert pour se nourrir. Il ne lui manquait qu'une chose pour être heureux : une compagne. Un jour, les dieux de l'Ennéade vinrent se promener dans la vallée du Cèdre et ils trouvèrent la maison de Bataou. Touché par une telle solitude, Rê demanda à Khnoum de façonner une femme pour Bataou sur son tour de potier. Quand ils lui donnèrent le souffle de vie, les dieux pensèrent que c'était la plus belle femme de la création. Cependant, même l'Ennéade ne pouvait lui donner un cœur plein d'amour. Enfin, les sept Hathor vinrent annoncer sa destinée. Les déesses déclarèrent d'une seule voix :

« Elle mourra par le couteau ! »
Elle était si belle que les dieux de l'Ennéade décidèrent de la donner quand même à Bataou. Rê parla ainsi :
« Ton frère a tué son indigne femme, et tu es vengé. Voici une épouse pour toi ; elle sera ta compagne dans cet endroit solitaire. »
En voyant sa femme, Bataou tomba aussitôt amoureux. Il comprit que tous ceux qui la verraient la désireraient et il lui fit cette recommandation :
« Tu resteras dans la maison quand j'irai à la chasse. Si la mer t'emportait, je ne pourrais pas grand-chose pour toi. »
La femme de Bataou acquiesça. Au bout de quelque temps, elle en eut assez d'être toujours enfermée. Un jour où Bataou était à la chasse, elle sortit pour prendre l'air. Comme elle était assise sous le cèdre, la mer l'aperçut et se précipita dans la vallée pour l'embrasser. La femme de Bataou voulut s'échapper, mais la mer murmura au cèdre :
« Attrape-la ! »
Le cèdre se pencha juste au moment où la femme de Bataou partait en courant. Elle laissa une mèche de cheveux accrochée à la plus basse branche. La mer prit la mèche de cheveux et l'emporta sur les rivages égyptiens. Là, le Nil s'en empara. Caressés par le fleuve, les cheveux flottèrent jusqu'au lavoir royal, où les blanchisseuses faisaient la lessive de Pharaon. Elles plongèrent les fines tuniques dans le Nil, les battirent sur les pierres et les étendirent pour les faire sécher.
Quand Pharaon revêtit une tunique propre, il sentit un parfum de femme et il se montra fort mécontent. Les blanchisseuses affirmèrent qu'elles n'avaient utilisé aucun parfum, mais que, chaque jour, elles sortaient du Nil les vêtements tout imprégnés d'un parfum suave.
Pharaon demanda à un de ses hommes de surveiller les blanchisseuses. Le lendemain matin, alors que le surveillant arpentait la berge du Nil, son regard fut attiré par une mèche de cheveux qui brillait dans les roseaux. Il se pencha pour la ramasser. Dès qu'il eut les cheveux dans la main, le surveillant comprit qu'il avait découvert l'origine du mystérieux parfum.
Quand il vit cette mèche de cheveux si noirs, si brillants, si doux et si parfumés, le conseiller de la cour dit à Pharaon :
« Assurément, ces cheveux appartiennent à une fille de Rê. »
Pharaon résolut de trouver cette femme pour l'épouser.
« Tu devrais envoyer des émissaires dans tous les pays étrangers, pour essayer de la trouver, dit le conseiller. Mais on raconte que la plus belle de toutes les femmes vit dans la vallée du Cèdre ; il faudrait y envoyer aussi une vingtaine d'émissaires. »
Ainsi fut fait. Pharaon attendit avec impatience le retour de ses émissaires. Enfin, ils commencèrent à rentrer l'un après l'autre, pour dire que leurs recherches n'avaient abouti à rien. Quand un émissaire revint de la vallée du Cèdre, couvert de blessures, il annonça que la femme que cherchait Pharaon était l'épouse de Bataou, et que Bataou avait massacré tous ses compagnons. Alors, Pharaon envoya toute une armée dans la vallée du Cèdre, avec mission de lui ramener la femme de Bataou. Il choisit la vieille dame la plus rusée de la cour pour accompagner les soldats.
L'armée s'arrêta à quelque distance de la maison de Bataou et la vieille dame s'avança toute seule. Bataou était à la chasse. Sa femme se laissa vite convaincre d'ouvrir à la vieille dame, qui entra et posa sur la table un coffret de bijoux précieux. Il y avait des anneaux d'or, des bracelets de lapis-lazuli, des amulettes d'argent et de turquoise. La vieille dame dit que Pharaon attendait la femme de Bataou, car il voulait qu'elle soit reine d'Égypte.
La femme de Bataou était lasse de sa vie solitaire et les bijoux lui faisaient envie, mais elle avait peur de son mari. Alors, elle songea au secret que lui avait confié Bataou et elle dit qu'il fallait couper le cèdre. La vieille dame appela les soldats. Quand les soldats abattirent l'arbre,

Bataou pressa ses mains sur sa poitrine et mourut. Sa femme se couvrit de bijoux avant de partir pour l'Égypte.
Au moment même où Bataou mourait, son frère voyait la bière mousser et bouillonner dans la cruche qu'il tenait à la main. Il comprit qu'il était arrivé malheur à Bataou. Il enfila ses sandales, se munit d'une lance et d'un bâton et se mit en route pour la vallée du Cèdre. Là, il trouva son frère qui gisait sur le sol. Bataou avait les membres raides et il ne respirait plus. Anoupou porta son frère dans la maison, l'étendit sur le lit en pleurant, mais sans se désespérer, car il n'avait pas oublié leur promesse.
Il commença aussitôt à chercher le cœur de son frère dans les branches du cèdre. Il chercha en vain pendant trois ans. Finalement, il se laissa gagner par la nostalgie de son pays et il se dit un jour :
« Si je ne trouve pas d'ici demain soir, je rentre chez moi. »
Le lendemain, il passa toute la journée penché sur les branches de l'arbre abattu. Il allait abandonner ses recherches, quand son pied heurta quelque chose. Anoupou crut tout d'abord que c'était un cône de cèdre tout desséché, mais c'était bien le cœur de Bataou.
Anoupou mit le cœur de son frère dans un bol d'eau fraîche, posa le bol à côté du corps de Bataou et attendit. Peu à peu, le cœur se gorgea d'eau et retrouva sa taille normale. Soudain, le corps de Bataou s'agita sur le lit : il ouvrit les yeux, mais il était trop faible pour parler. Anoupou porta le bol aux lèvres de son frère. Bataou but toute l'eau qui restait dans le bol et il avala son cœur. Aussitôt, il retrouva toute sa vigueur. Il sauta au cou de son frère et tous deux s'embrassèrent.
Ils passèrent une journée entière à évoquer leurs souvenirs et à échafauder des projets de vengeance contre la femme de Bataou.
« Demain, je me transformerai en taureau, dit Bataou. Je serai le plus beau taureau qu'on ait jamais vu, d'une taille et d'une couleur extraordinaires. Tu monteras sur mon dos et nous irons en Égypte. Quand Pharaon entendra parler de moi, il voudra m'acheter. Tu prendras tout ce qu'il te donnera et tu rentreras chez toi. Alors, je me vengerai. »
Le lendemain matin, Bataou se changea en un énorme taureau doré, avec des taches bleues comme du lapis-lazuli. Anoupou monta sur son dos et ils entrèrent en Égypte. La foule se pressait pour admirer le merveilleux taureau, et la rumeur finit par arriver aux oreilles de Pharaon. Le souverain remercia les dieux, car il était sûr que ce taureau était leur messager. Il offrit à Anoupou de l'or et de l'argent, des terres et des esclaves.
On couvrit Bataou de guirlandes de fleurs et on l'autorisa à aller où il voulait dans le palais et ses dépendances. Au début, il faisait un peu peur aux gens, mais tout le monde finit par s'habituer à le voir déambuler calmement. Pendant tout ce temps, Bataou cherchait quelqu'un... et il trouva.
Un matin, la reine était entrée à la cuisine pour surveiller elle-même la préparation des douceurs qu'elle voulait offrir à Pharaon. Bataou s'approcha par derrière. Il toucha l'épaule de la reine avec le bout de ses cornes, en murmurant :
« Regarde-moi, je suis vivant ! »
La reine se retourna, regarda le taureau avec stupeur et demanda :
« Mais qui es-tu ?
— Je suis Bataou. Je sais que c'est toi qui as voulu ma mort ; mais je suis vivant. »
Et le taureau sortit lentement, laissant la reine tremblante de terreur.
Pharaon et sa reine dînèrent dans la fraîcheur du soir. La reine portait sa robe la plus légère et ses bijoux les plus précieux. Comme elle se penchait pour servir le vin, Pharaon pensa qu'elle était plus belle que jamais.
« Majesté, murmura la reine, veux-tu jurer sur les dieux que tu m'accorderas tout ce que je désire ?
— Mais oui, je le jure.
— Eh bien, je désire manger le foie du taureau. Il se promène toute la journée, c'est tout ce qu'il sait faire. Pourquoi ne pas le tuer ? »
Cette idée déplaisait profondément à Pharaon, mais il avait donné sa parole et la reine insistait.
Le lendemain matin, Pharaon annonça que le taureau devait être sacrifié aux dieux. Les immolateurs attachèrent l'animal avec des cordes, et ils lui tranchèrent la gorge. Le corps dépecé fut déposé sur les autels des dieux. Le soir, les cuisiniers firent cuire le foie. La reine le mangea avec plaisir.
À l'aube du jour suivant, les portiers du palais accoururent dans la chambre de Pharaon.
« Seigneur souverain, un prodige est arrivé ! Deux magnifiques arbres ont poussé devant les piliers de la grande porte. »
Pharaon se réjouit de ce nouveau signe de la

faveur des dieux. Personne ne savait que les arbres avaient jailli du sang de Bataou.
Quelques jours après, Pharaon et sa reine firent porter leurs trônes à l'ombre des deux arbres merveilleux, pour assister à un rituel d'offrandes. Soudain, la reine entendit une voix qui venait des feuilles frémissantes :
« Traîtresse, tu as ordonné aux soldats de couper le cèdre, tu as persuadé Pharaon d'égorger le taureau, mais je suis Bataou, je suis vivant. »
La reine fut prise d'une grande peur. Dès qu'elle se retrouva seule avec Pharaon, elle déploya toutes les ressources de sa séduction pour faire promettre à son mari qu'il lui accorderait ce qu'elle demanderait.
« Les deux arbres qui sont devant la porte ne servent à rien, dit-elle. Je voudrais que tu me fasses faire de beaux meubles avec leur bois. »
L'idée de couper les arbres merveilleux répugnait à Pharaon, mais la reine avait l'air si déçue qu'il finit par accepter. Le lendemain, les menuisiers de la cour débitèrent les deux arbres en présence de Pharaon et de sa reine. Un petit copeau de bois tomba dans la bouche de la reine. À l'instant même où elle avala le copeau de bois, elle conçut un enfant.
Quand la reine donna naissance à un beau petit garçon, elle ne savait pas que son fils était Bataou. L'enfant grandit en force et en sagesse. Pharaon l'aimait beaucoup et il en fit son prince héritier. La reine avait remarqué que son fils ressemblait à son défunt mari et qu'il lui témoignait une grande froideur, mais elle n'osait rien dire.
À la mort de Pharaon, le prince héritier lui succéda sur le trône d'Égypte. Les cérémonies du couronnement n'étaient pas plutôt terminées que le nouveau pharaon faisait mander sa mère. Alors, devant tous ses courtisans rassemblés, il raconta son étrange histoire et il conclut par ces mots :
« Cette femme mérite la mort. »
Les courtisans l'approuvèrent. La reine mourut par le couteau, comme l'avaient prédit les sept Hathor. Puis Bataou fit appeler son frère bien-aimé. Ils gouvernèrent ensemble pendant trente ans.

# Vérité et Mensonge

IL ÉTAIT UNE FOIS deux frères qui s'appelaient Vérité et Mensonge. Vérité était loyal et généreux, mais son frère le détestait. Un jour, Mensonge alla trouver les dieux de l'Ennéade pour se plaindre que Vérité lui avait volé son épée. Quand les dieux lui demandèrent de décrire cette arme, Mensonge répondit sans hésiter :
« Il a fallu utiliser tout le cuivre du mont Sinaï pour sa lame et tout le bois de Coptos pour sa poignée. Son fourreau est aussi long qu'une tombe. Jamais personne n'a eu une épée aussi magnifique, et Vérité me l'a volée. Il refuse de la rendre. Faites qu'il devienne aveugle et donnez-le moi comme portier ! »
Vérité comparut devant l'Ennéade et protesta de son innocence. Mais il ne pouvait fournir aucune preuve, puisque l'épée n'avait jamais existé, et l'accusation de Mensonge semblait tout à fait plausible. Vérité fut donc condamné à devenir aveugle et à servir de portier à Mensonge.
Mensonge ne tarda pas à ne plus pouvoir supporter de voir son frère assis à longueur de journée devant sa porte, tel un vivant reproche. Il appela deux des anciens domestiques de Vérité et il leur dit :
« Conduisez votre maître dans le désert, et donnez-le en pâture aux lions ! Ne revenez pas avant d'être sûrs qu'il est mort. »
Les domestiques n'osèrent pas refuser. Tristement, ils prirent Vérité par le bras et ils se dirigèrent vers le désert. Quand Vérité sentit le sable chaud sous ses pieds nus, il demanda pourquoi il était là. Les domestiques répondirent en pleurant.
« Ne me livrez pas aux lions ! supplia Vérité. Conduisez-moi plutôt dans un village. Vous tacherez ma chemise avec le sang d'un animal et vous la montrerez à Mensonge. »
Les domestiques ne demandaient pas mieux que de suivre ce conseil. Ils laissèrent Vérité dans un village et se dépêchèrent d'aller dire à Mensonge que son frère était mort.
Quelques jours plus tard, une dame du village se promenait dans son jardin, quand deux servantes accoururent vers elle.
« Madame, dirent-elles en haletant, nous avons trouvé un homme aveugle étendu dans les roseaux, près de l'étang. Venez !
— Amenez-le-moi », dit la dame, qui s'appelait Désir.
Les servantes obéirent. Vérité était épuisé et à demi mort de faim, mais Désir pensa que c'était le plus bel homme qu'elle eût jamais vu. Elle l'accueillit dans sa maison et dans son lit.
Quand leur fils vint au monde, Désir était déjà lasse de son nouvel

amant. Elle le bannit de sa maison. Cependant, le fils de Vérité et de Désir n'était pas un enfant ordinaire. Avec le temps, il devint aussi beau et aussi grand qu'un dieu. À l'âge de douze ans, il surpassait tous ses camarades d'école en talents pour l'écriture, la lecture, et aussi pour les arts de la guerre. Les autres garçons étaient jaloux et ils se moquaient de lui :
« Puisque tu es si malin, dis-nous qui est ton père ! »
Il ne savait que répondre. Un jour, n'y tenant plus, il demanda à sa mère :
« S'il te plaît, dis-moi qui est mon père.
— Tu vois l'aveugle qui est assis dans la poussière, près de l'entrée ? En bien, c'est ton père !
— Et tu le laisses là ? Tu mérites d'être jetée aux crocodiles ! »
Le garçon courut embrasser son père. Il fit entrer Vérité dans la maison, lui donna le plus beau fauteuil et la meilleure nourriture. Il l'aida à boire et à manger, puis il lui demanda :
« Qui a osé te rendre aveugle ? Dis-le-moi, je veux te venger.
— C'est mon propre frère », répondit Vérité.
Le garcon prit du pain et de l'eau, une épée, un bâton et une paire de sandales de cuir. Il choisit le plus gros bœuf dans le troupeau de sa mère, et il se mit en route. Il arriva dans la prairie où paissait le troupeau de Mensonge et s'approcha du pâtre.
« Je dois partir en voyage, dit-il. Si tu veux garder mon bœuf jusqu'à mon retour, je te laisserai ces provisions, cette épée, ce bâton et cette jolie paire de sandales. »
Le pâtre accepta sans se faire prier. Quelques jours après, Mensonge vint voir son troupeau. Aussitôt, il remarqua le bœuf du fils de Vérité.
« Je prends ce bœuf pour mon prochain banquet. C'est vraiment le plus beau, nous allons nous régaler ! »
Le pâtre fit observer que ce bœuf n'appartenait pas à Mensonge et que le garçon qui le lui avait confié reviendrait bientôt le chercher.
« Qu'importe ? répliqua Mensonge. Je prends ce bœuf, et quand le garçon reviendra, tu lui donneras celui qu'il voudra. »
Mensonge fit égorger et dépecer le bœuf. Quand le fils de Vérité revint trouver le pâtre, celui-ci lui déclara :
« Tu peux prendre la bête que tu veux, tu n'as qu'à choisir.
— Mais aucun de ces bœufs ne peut être comparé au mien ! Il était si gros que si je l'avais mené dans l'île d'Amon, son menton aurait surplombé le désert de Nubie et sa queue aurait touché les marais du delta, tandis qu'une corne se serait appuyée sur les monts occidentaux et l'autre sur les monts orientaux. En se couchant, il aurait recouvert le Nil. Et il pouvait donner naissance à six veaux par jour ! »
Le pâtre semblait tout abasourdi.
« Existe-t-il un bœuf aussi gros que ça ? »
Le fils de Vérité poursuivit Mensonge en justice pour le vol de son bœuf. Devant l'Ennéade, il répéta sa description du bœuf. Mensonge s'écria :
« Quelles sornettes ! Personne n'a jamais vu un bœuf de cette taille !
— Personne n'a jamais vu une épée de la longueur d'une tombe, dit le fils de Vérité, une épée qui ait tout le cuivre du mont Sinaï dans sa lame et tout le bois de Coptos dans sa poignée. »
Mensonge était devenu blême, mais le fils de Vérité s'adressa à l'Ennéade :
« Il faut revenir sur votre jugement. Comment avez-vous pu condamner Vérité sur une pareille accusation ? Je suis son fils et je suis venu demander que son innocence soit reconnue.
— Si Vérité peut m'opposer un démenti, promit Mensonge, je plaiderai coupable. Alors, vous pourrez me rendre aveugle et je serai son portier ! »
Mensonge était persuadé que son frère était mort et qu'il ne pourrait jamais opposer aucun démenti. Mais le garçon dit d'un ton triomphant :
« Tu t'es jugé toi-même. Venez avec moi, et vous entendrez Vérité, car il est toujours vivant. »
Ils allèrent tous dans la maison de Désir. Les dieux de l'Ennéade écoutèrent Vérité. Ils condamnèrent Mensonge à devenir aveugle et à servir de portier à Vérité et à son fils.

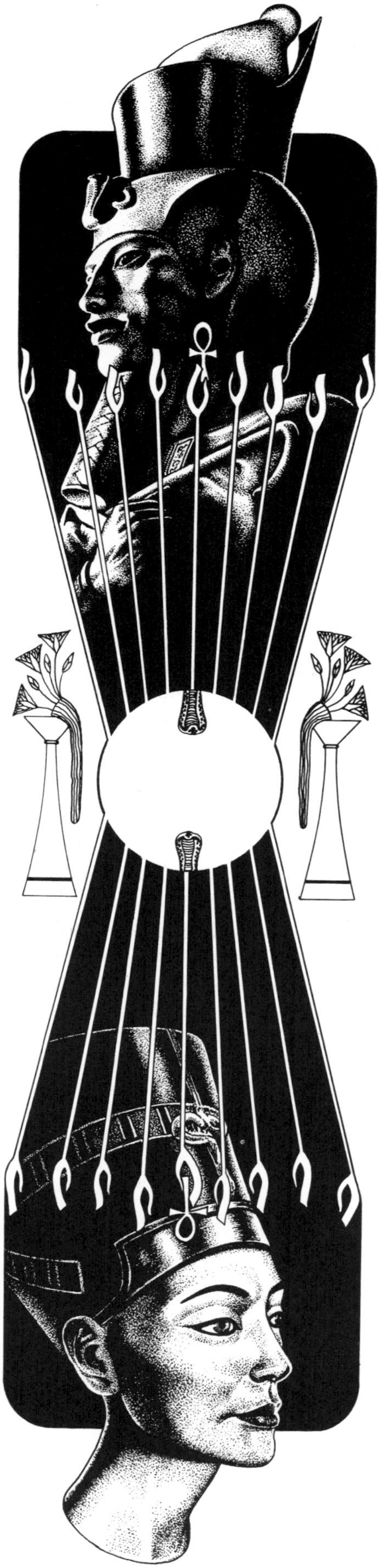

# Le divin pharaon

AU DÉBUT du XIVe siècle avant Jésus-Christ, l'empire égyptien semblait solidement établi. La Nubie était pacifiée. Cinq générations de rois guerriers avaient asservi les cités-États de Palestine et du sud de la Syrie. Quand Aménophis III, le fils de Thoutmosis IV, monta sur le trône, en l'an 1391 avant Jésus-Christ, il préféra les fastes du palais aux tribulations des campagnes guerrières. Il fit construire des temples et des palais, et il se fit de nombreux alliés en soudoyant des gouvernements étrangers ou en épousant leurs filles.

Aménophis III avait un harem assez considérable, mais il semble avoir été très dévoué à l'énergique reine Tiyi, qui fut sa grande épouse royale. Tiyi n'était pas de sang royal, et pourtant c'est son fils Aménophis qui succéda à Aménophis III. Aménophis IV (v. 1353-1335 av. J.-C.) fut un roi tout à fait extraordinaire. Il fut le premier à prendre le titre de *pharaon* (ce qui signifie « la grande maison » en égyptien). Il troqua son nom d'Aménophis (« Amon est gracieux ») contre celui d'Akhenaton (« agréable à Aton »).

Le jeune pharaon croyait en un dieu soleil unique. Il fit construire à côté des autres temples de Karnak un sanctuaire consacré à son dieu, Aton, représenté sous la forme d'un disque solaire. Les rayons bienfaisants du soleil se terminaient par des mains qui présentaient le signe de vie au pharaon et à sa reine, la belle Nefertiti.

Akhenaton abandonna Thèbes et Memphis pour établir sa nouvelle capitale à Amarna, en lisière du désert. Il la baptisa Akhetaton (« l'horizon du disque solaire »). Il fit construire une sorte de « ville nouvelle », remarquable par son architecture légère et ses fresques réalistes. Les offrandes à Aton ne se faisaient pas dans des sanctuaires confinés dans l'ombre des temples, comme autrefois, mais sur des autels construits à ciel ouvert, en plein soleil. Le pharaon fit détruire les effigies des anciens dieux pour les remplacer par des statues et des sculptures d'Aton bénissant la famille royale. Alors que les portraits de ses prédécesseurs étaient très stylisés et magnifiés, Akhenaton se fit représenter comme un jeune homme plutôt laid, et dans des situations ordinaires : en train de boire, de manger, de jouer avec ses filles ou d'embrasser sa femme. Retiré dans sa lointaine capitale, Akhenaton devint de plus en plus fanatique dans sa ferveur religieuse. Il interdit tous les cultes autres que celui d'Aton, il ferma les temples des autres dieux et fit marteler le nom d'Amon partout où il apparaissait dans les inscriptions des temples, même aux endroits les plus inaccessibles. L'humanité tout entière devait adorer le dieu unique et honorer Akhenaton, la vivante image d'Aton.

Les événements de l'étrange règne d'Akhenaton sont entourés de mystère, mais il est certain qu'il se fit de nombreux ennemis. La fermeture des temples désorganisa l'économie, et la plupart des gens refusèrent d'abandonner leurs anciens dieux et déesses. Le pharaon semble s'être fort peu préoccupé de faire régner l'ordre à l'intérieur du pays ou dans l'empire égyptien. De nombreux princes de Palestine et de Syrie en profitèrent pour s'affranchir de la tutelle égyptienne.

Akhenaton a probablement eu une mort violente. Ses idéaux ne lui survécurent pas longtemps. Un certain Semenekharê lui succéda pour un règne très court, mais on n'a pu déterminer l'identité, ni même le sexe, de ce personnage. C'était peut-être un jeune frère ou un gendre d'Akhenaton, ou encore, selon quelques historiens, Nefertiti elle-même.

Toujours est-il qu'un nouveau pharaon monta bientôt sur le trône. Il ne devait guère avoir plus de neuf ans et il s'appelait Toutankhaton (« vivante image d'Aton »). Akhenaton et Nefertiti avaient six filles mais pas de fils, et le nouveau pharaon devait être un jeune frère d'Akhenaton, ou un des fils qu'il aurait eu avec une autre femme. Étant donné la jeunesse de Toutankhaton, ce furent deux généraux, Aÿ et Horemheb, qui exercèrent effectivement le pouvoir pendant assez longtemps. Ils abolirent les réformes d'Akhenaton et commencèrent à rétablir l'ordre ancien. Toutankhaton changea son nom en Toutankhamon. La cour retourna à Thèbes, et Akhetaton, complètement désertée, ne devait plus jamais être habitée. On rétablit le culte des anciens dieux et déesses, et surtout celui du dieu soleil Amon, et on restaura leurs temples.

Toutankhamon mourut subitement, vers l'âge de dix-neuf ans. Il avait épousé une fille d'Akhenaton et de Nefertiti, mais il n'avait pas d'enfant. Aÿ, qui était devenu son vizir, lui succéda, et semble avoir épousé la veuve de Toutankhamon, alors qu'il aurait pu être son grand-père. Aÿ offrit un enterrement assez simple à son ancien maître dans la plus petite tombe de la vallée des Rois. Il régna pendant quatre ans (v. 1323-1319 av. J.-C.), puis le général Horemheb monta sur le trône.

Horemheb fit détruire les temples d'Aton construits à Karnak par Akhenaton, et il finit de rétablir l'ordre dans le pays. Comme il n'avait pas d'enfants, il fut remplacé sur le trône par son ancien vizir, qui fonda la XIX$^{e}$ dynastie (v. 1307-1196 av. J.-C.) : le vieux Ramsès.

Les pharaons de la XIX$^{e}$ dynastie qualifièrent Akhenaton de « grand criminel » et s'efforcèrent de détruire tous les souvenirs de son règne. Ils rayèrent les noms d'Akhenaton et de ses successeurs, Semenekharê, Toutankhamon et Aÿ, de la liste officielle des rois d'Égypte. Si le trésor de Toutankhamon a échappé aux pilleurs de tombes, c'est justement parce que le pharaon était tombé dans l'oubli. Tout comme Amarna, l'ancienne Akhetaton, qui est la mieux préservée de toutes les villes de l'Égypte ancienne parce qu'elle a été abandonnée. Là, les fouilles ont mis au jour des temples, des palais et des maisons. On y a retrouvé des peintures, des documents, tels que la correspondance diplomatique d'Akhenaton, et des sculptures, dont la célèbre statue de Nefertiti, qui nous a révélé que cette reine était une des plus belles femmes de l'Antiquité. Ainsi, les ennemis du « grand criminel » ont contribué à immortaliser Akhenaton et sa femme.

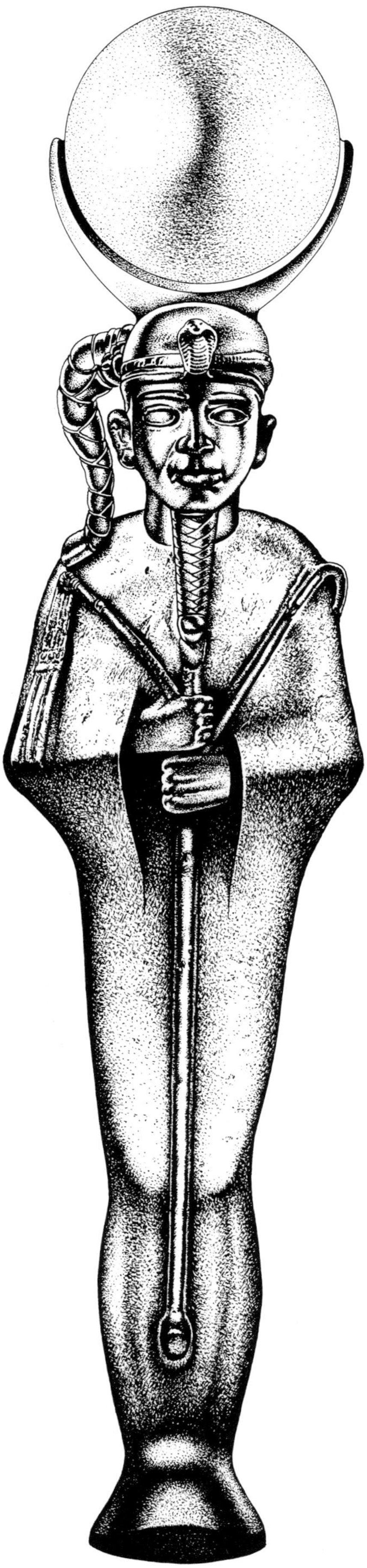

# La princesse de Bakhtan

À LA MORT de Séthi Ier, qui avait succédé à Ramsès Ier, son fils Ramsès II monta sur le trône. Il gouverna l'Égypte pendant soixante-six ans (v. 1290-1224 av. J.-C.). Comme son père, Ramsès II prit le commandement de ses troupes. Il partait au combat accompagné de son fidèle lion. Il lutta vaillamment pour rétablir la domination de l'Égypte sur la Palestine et le sud de la Syrie, et les inscriptions de l'époque vantent ses glorieuses victoires. Toutefois, la réalité était quelque peu différente, car l'empire hittite tenait l'Égypte en échec. Le pays des Hittites était le plateau anatolien (dans la Turquie actuelle), mais leur empire s'étendait au nord de la Syrie. Dans la cinquième année de son règne, Ramsès II livra à Qadech une grande bataille contre les Hittites et leurs alliés. Le récit de ce combat insiste sur la bravoure du pharaon, qui sauva les forces égyptiennes alors qu'elles étaient attaquées par surprise et ne pouvaient lui apporter aucun soutien :

« Ma Majesté était arrivée derrière eux comme un griffon. J'ai fait un massacre parmi eux sans que l'épuisement me gagne (...) Seul pourtant, car Amon me protège et sa main est avec moi (...) Pas un d'entre eux n'est demeuré pour m'aider de son bras tandis que je combattais. »

Ramsès II s'était peut-être battu comme « un lion furieux dans une vallée de chèvres », mais les deux camps adverses revendiquèrent la victoire. Au bout de plusieurs années, le pharaon dut conclure un traité de paix avec le roi hittite et ils se partagèrent la Syrie. Il semble que ce traité, dont on a retrouvé deux exemplaires, ait été scrupuleusement respecté. Ramsès épousa une princesse hittite et, durant tout le reste de son long règne, il se consacra à son œuvre de bâtisseur. Il fonda une nouvelle capitale dans l'est du delta, sur l'ancien site de la capitale des Hyksos, à Avaris. Il fit édifier un grand nombre de temples, dont les plus célèbres sont le Ramesseum, à Thèbes, et le temple souterrain d'Abou Simbel. La réalisation de ces édifices était souvent d'assez médiocre qualité, mais, par leur nombre et par leurs dimensions, ils surpassaient ceux de tous les autres pharaons. De son vivant, Ramsès II était vénéré comme un dieu, et les Égyptiens n'oublièrent jamais l'éclat de son règne. Mille ans après sa mort, fut consignée dans le temple de Khonsou, à Thèbes, une légende dont Ramsès II est le héros.

Un été, Ramsès et son armée parcouraient en char le pays de Nahareïn pour recevoir leurs tributs. Les princes des terres conquises

venaient s'incliner devant Pharaon et lui apportaient de l'or et de l'argent, de la turquoise et du lapis-lazuli. Le prince de Bakhtan voulait faire mieux que tous les autres, pour gagner la faveur de Ramsès, et il offrit ce qu'il avait de plus précieux, sa fille aînée. La princesse était douce, belle et intelligente, et le cœur de Pharaon en fut plus content que de tous les autres tributs. Il donna à la princesse un nom égyptien, Neferourê, et le titre de grande épouse royale. Ils revinrent tous deux en Égypte et ils furent très heureux ensemble.
Un an après, Ramsès célébrait les fêtes d'Amon dans le temple qu'il lui avait fait construire à Thèbes, quand un courtisan lui dit tout bas qu'un messager du prince de Bakhtan venait d'arriver, chargé de présents pour Neferourê. Dès la fin de la cérémonie des dernières offrandes, Pharaon accueillit le messager dans son palais, et il admira les somptueux présents. Alors le messager baisa le sol devant Pharaon et dit :
« Salut, ô soleil qui éclaire les terres conquises ! Seigneur souverain, je suis venu chercher aide et assistance pour Benterech, la sœur de ta reine. Elle est malade et personne ne peut la guérir. L'Égypte est renommée pour ses savants médecins. Majesté, envoie-nous un de ces hommes pour chasser la maladie qui s'est emparée de notre princesse ! »
Ramsès consulta les plus sages de ses prêtres et de ses conseillers, et ils décidèrent d'envoyer le scribe royal Djehoutyemheb.
Benterech était allongée sur son lit, immobile. Ses yeux étaient grands ouverts, mais elle ne semblait pas reconnaître son père quand il se penchait sur elle. Dès qu'il toucha la main de la princesse, Djehoutyemheb sentit la présence d'un démon de fièvre fort maléfique. Il psalmodia les formules les plus puissantes et couvrit la princesse d'amulettes, mais sans résultat.
« Seul un dieu pourrait chasser ce démon, dit-il. Envoyez une lettre à Pharaon ; demandez-lui qu'il vous envoie un dieu d'Égypte. »
Le jour même, un messager partit pour l'Égypte. Après un voyage harassant, il arriva à Thèbes, où l'on célébrait toujours la fête d'Amon. Pharaon fut très désagréablement surpris par la lettre du prince de Bakhtan. Jamais on ne lui avait demandé une chose pareille. Mais, par amour pour la reine Neferourê, il décida de donner satisfaction au prince. Il se rendit dans le temple de Khonsou, pénétra dans le sombre sanctuaire et s'inclina devant la divine effigie.
« Mon bon seigneur, dit-il humblement, je suis venu te parler de Benterech, la sœur de ma reine. Elle est la proie d'un démon de fièvre et, si on ne chasse pas ce démon, elle mourra bientôt. Sous ta forme de Khonsou-le-Conseiller, tu es le plus grand guérisseur. Si telle est ta volonté, nous enverrons une image de Khonsou-le-Conseiller à la princesse de Bakhtan. »
La divine effigie hocha sa tête d'or. D'une voix tremblante de respect, Ramsès demanda :
« Mon bon seigneur, voudras-tu donner ton pouvoir à Khonsou-le-Conseiller avant que je l'envoie à Bakhtan ? »
D'un mouvement de la tête, l'effigie signifia sa divine approbation. Ramsès s'inclina pour remercier Khonsou. Le lendemain matin, quatre prêtres portèrent sur la rive du Nil le petit coffret doré qui contenait l'effigie de Khonsou-le-Conseiller. La statuette était enveloppée dans des bandelettes parfumées, et ornée de colliers précieux. La tresse de cheveux de Khonsou était sculptée dans le lapis-lazuli, et un croissant d'argent brillait sur son front. Ramsès fit escorter le dieu par une foule de prêtres, de soldats et de servantes. Il leur donna des bateaux pour remonter le Nil, et des chars pour continuer leur voyage à l'intérieur des terres.
Le majestueux cortège arriva à Bakhtan un an et cinq mois après son départ. Toute la population descendit dans la rue pour l'accueillir. Le prince de Bakhtan se coucha à plat ventre devant Khonsou et implora sa miséricorde.
Enfin, les prêtres déposèrent le coffret doré auprès de la princesse Benterech, et ils s'éloignèrent discrètement. Le prince et ses soldats attendaient à l'autre extrémité de la chambre. L'atmosphère devint lourde de magie. Tous ceux qui étaient là purent sentir le conflit invisible qui se livrait tandis que Khonsou entourait la princesse de son pouvoir protecteur. Dans une brusque convulsion, le démon sortit du corps de Benterech en sifflant de peur et de rage. Le prince de Bakhtan frissonna en voyant la forme démoniaque qui planait encore au-dessus de sa fille, mais Benterech dormait paisiblement.
« Grand dieu, déclara le démon, Bakhtan t'appartient. Ses habitants sont tes esclaves, et je suis ton esclave, moi aussi. Aie pitié de moi. Je quitterai cet endroit à tout jamais dès que le prince m'aura fait des offrandes. »
L'image divine fit un petit signe, et les prêtres dirent au roi ce qu'il devait faire. Bientôt, des serviteurs apportèrent de riches offrandes et

dressèrent une table chargée d'exquises nourritures pour le dieu et le démon.
Le démon de fièvre disparut de Bakhtan à tout jamais. Le prince réveilla sa fille en l'embrassant, et tout le pays se réjouit avec eux. Benterech et son père étaient si impressionnés par le pouvoir de Khonsou-le-Conseiller, et si reconnaissants envers lui, qu'ils ne purent se résigner à le voir repartir en Égypte. Le prince fit construire un sanctuaire pour Khonsou-le-Conseiller et il le garda à Bakhtan pendant trois ans et neuf mois.
Une nuit, le prince rêva que le dieu sortait du sanctuaire sous la forme d'un faucon doré et s'envolait vers l'Égypte. Quand il se réveilla, il comprit que Khonsou-le-Conseiller voulait revenir à Thèbes. Il fit appeler les prêtres et leur dit : « Préparez-vous à rentrer en Égypte. Je vous donnerai une armée pour vous escorter et des chars remplis de présents pour Khonsou. »
Khonsou-le-Conseiller rentra à Thèbes, où il retrouva son sanctuaire. Pharaon et sa reine furent très heureux d'apprendre que Benterech était guérie.

# Le Livre de Thot

Ramsès II avait plus d'une centaine de fils, mais le prince Khaemouaset était son préféré, et il le nomma grand-prêtre de Ptah à Memphis. Khaemouaset était célèbre pour l'étendue de ses connaissances et pour l'intérêt qu'il portait à l'histoire du passé. Près de dix siècles après sa mort, les Égyptiens racontaient encore des légendes qui le présentaient comme un magicien hors pair. L'une de ces légendes nous apprend comment Setna Khaemouaset découvrit la cachette du Livre de Thot. Le livre contenait les formules magiques les plus puissantes, et aussi les plus dangereuses, mais ce n'était pas pour intimider le noble magicien.

Un jour, Setna se rendit au palais de son père, à Memphis, et lui demanda la permission d'ouvrir l'une des tombes royales de la Cité des Morts. Devant tous les courtisans offusqués, il expliqua que le fameux Livre de Thot était caché dans la tombe de Neferkaptah. Pharaon essaya de dissuader son fils, mais le prince s'obstina et finit par obtenir l'autorisation qu'il souhaitait. D'ailleurs, Ramsès savait bien que Setna avait appris à respecter les dieux.

Le prince se fit accompagner par Anourêraou, le plus courageux de ses jeunes frères, et par une équipe d'ouvriers. Quand ils arrivèrent devant la tombe de Neferkaptah, les ouvriers déblayèrent le sable qui s'était accumulé devant l'entrée. Peu à peu, ils dégagèrent une porte en bois. Setna brisa les scellés et ordonna aux ouvriers de casser la porte avec leurs haches. Ils obéirent à contrecœur, et le bois pourri céda sous quelques coups de hache. La tombe était ouverte. Setna et Anourêraou attendirent que l'air frais s'infiltre dans la tombe, puis ils firent allumer une torche. Comme les ouvriers refusaient de les suivre, les deux frères entrèrent seuls. Anourêraou se tenait derrière Setna, et portait la torche.

Au bout d'un long couloir étroit, ils traversèrent une salle aux murs gravés de scènes représentant les funérailles du prince Neferkaptah. Derrière, il y avait un dédale de couloirs tortueux et de petites salles. Plus les deux frères s'enfonçaient dans la tombe, et plus la chaleur et l'odeur de renfermé devenaient suffocantes. La lumière de la torche perçait à peine les ténèbres.

On entendait d'étranges bruissements. Setna voulut rassurer son frère et dit tout bas :

« Des chauves-souris ! »

Mais l'écho répercuta son chuchotement dans toute la tombe ; des dizaines de chauves-souris s'envolèrent soudain, et Anourêraou

baissa la tête. Le frôlement des ailes des chauves-souris éteignit brusquement la torche. Les deux frères étaient plongés dans le noir : ils allaient être obligés de rebrousser chemin, si du moins ils pouvaient retrouver leur chemin. Alors, Anourêraou saisit le bras de son frère et chuchota :
« Regarde ! »
Une faible lueur semblait éclairer le fond de la tombe. Les deux frères avancèrent vers la lumière et, à un détour du couloir, ils se retrouvèrent à l'entrée de la chambre mortuaire. La pièce était pleine de meubles et d'objets somptueux, fauteuils d'ébène, vases d'albâtre, tabourets de peau de léopard, coffrets d'ivoire... Sur un lit doré était étendue la momie de Neferkaptah, enveloppée de bandelettes parfumées et le visage recouvert d'un masque chatoyant. Une très belle dame au teint de lotus blanc était assise près du lit, avec un petit garçon blotti à ses pieds. La lumière provenait d'un rouleau de papyrus posé sur la table, devant la dame et l'enfant. Anourêraou était figé sur place par la frayeur, mais Setna entra hardiment dans la chambre mortuaire. Il salua la dame. Elle leva vers lui des mains presque transparentes et lui dit d'une voix très douce :
« Setna Khaemouaset, pourquoi viens-tu troubler le repos des morts ? »
— Si tu me donnes le Livre de Thot, je vous laisserai en repos.
— Setna, si tu voles le Livre de Thot, il ne t'apportera que des malheurs. Je vois que tu ne me crois pas, mais quand je t'aurai raconté notre histoire, tu comprendras. Mon nom est Ahouerê. J'étais la seule fille du roi de Haute et de Basse-Égypte. »
La dame se tut un instant et tourna la tête vers la silhouette silencieuse étendue sur le lit.
« J'aimais mon frère Neferkaptah plus que tout au monde, et il m'aimait. Le roi notre père nous a donné la permission de nous épouser, et il a offert un splendide festin pour notre mariage. Nous étions très heureux. Bientôt, un fils nous est né ; nous l'avons appelé Mrib. »
Ahouerê se pencha pour poser la main sur le petit garçon, et il la regarda en souriant.
« Mon époux était comme toi, Setna, il aimait se promener dans la Cité des Morts pour examiner les tombes, ou entrer dans les bibliothèques des temples pour essayer de déchiffrer les papyrus anciens. Il était très versé dans l'art de la magie, mais il cherchait toujours des formules plus puissantes. Un jour, mon époux assista à une cérémonie dans le temple de Ptah. Tout en suivant le cortège, il lisait les formules inscrites sur les autels des dieux. Soudain, quelqu'un se mit à rire à côté de lui. C'était un prêtre, dont le visage était tout plissé d'amusement.
"Pourquoi te moques-tu de moi ? demanda mon époux.
— Je ris de te voir lire ces misérables formules, quand je pourrais te dire où se trouve le livre de magie écrit de la main de Thot lui-même. Ce livre contient deux formules. Si tu lis la première à haute voix, tu enchanteras le ciel du dessus et le ciel du dessous, et la terre depuis les montagnes jusques aux mers. Si tu lis la deuxième formule alors même que tu es déjà dans la Cité des Morts, tu retrouveras ton ancienne apparence et tu verras de nouveau briller le soleil et se lever la lune. Tu verras les dieux eux-mêmes."
Mon époux lui demanda ce qu'il fallait faire pour savoir comment trouver ce livre. Et le vieillard répondit avec une lueur de cupidité dans les yeux :
"Donne-moi cent pièces d'argent pour payer mes funérailles et deux prêtres pour servir mon *ka* quand mon heure sera venue."
Après avoir compté les pièces, le prêtre dit à mon époux :
"Le Livre de Thot est caché dans une boîte en fer, au fond du fleuve, près de Coptos. Dans la boîte en fer, il y a une boîte en bronze, et dans la boîte en bronze se trouve une boîte en sycomore. La boîte en sycomore renferme une boîte en ébène, et la boîte en ébène contient une boîte en ivoire. Dans la boîte en ivoire, il y a une boîte en argent, et dans la boîte en argent, une boîte en or. Le Livre de Thot est dans la boîte en or. Les boîtes sont gardées par des serpents et des scorpions."
Aussitôt, Neferkaptah revint au palais pour me raconter sa rencontre avec le prêtre. Il m'annonça qu'il irait à Coptos, et qu'il ramènerait le Livre de Thot. Je fus très effrayée. Je maudis le vieux prêtre, je suppliai Neferkaptah de ne pas aller à Coptos, car je savais qu'il courait à sa perte. Mais il ne pensait qu'au Livre de Thot, et il ne voulut pas m'écouter. »
Ahouerê poussa un long soupir avant de reprendre :
« Le roi nous offrit un superbe vaisseau, et nous partîmes tous ensemble, Neferkaptah, Mrib et moi. À Coptos, les prêtres d'Isis et leurs femmes vinrent nous accueillir. Quatre jours durant, ils nous invitèrent à des banquets. Le matin du cin-

quième jour, mon époux demanda qu'on lui apporte de la cire pure. Il modela un bateau avec tout son équipage, puis il récita des formules magiques qui insufflèrent la vie à l'équipage. Il mit le bateau à flot ; il chargea le vaisseau royal avec du sable et il monta à son bord. Je m'assis sur la berge du fleuve, bien décidée à attendre son retour.
Neferkaptah ordonna à l'équipage en cire de ramer jusqu'à la cachette du Livre de Thot. Les hommes ramèrent pendant trois jours et trois nuits. Le vaisseau royal suivait. Le matin du quatrième jour, quand le bateau de cire s'arrêta, mon époux comprit qu'il était arrivé. Il jeta le sable par-dessus bord de chaque côté du vaisseau. Alors, Neferkaptah descendit sur le banc de sable en récitant des formules magiques, car la boîte en fer grouillait de serpents et de scorpions. Les serpents sifflaient et les scorpions dressaient leur queue meurtrière, mais les formules étaient puissantes. Les serpents ne pouvaient plus cracher leur venin, les scorpions ne pouvaient plus piquer avec leur dard.
Cependant, le serpent qui était enroulé autour de la boîte en fer était bien trop énorme pour se laisser envoûter par les formules magiques. Mon époux ne perdit pas courage ; il saisit sa hache en bronze, assomma le serpent et le coupa en deux. Horreur ! les deux moitiés se ressoudèrent, et en l'espace de quelques secondes le serpent s'enroulait autour de Neferkaptah. Il allait défaillir sous le souffle venimeux, mais il eut juste le temps de dégainer sa dague et de frapper les écailles luisantes. De nouveau, il coupa le serpent en deux et, de nouveau, les deux morceaux se ressoudèrent. Alors, Neferkaptah saisit sa hache et coupa le serpent pour la troisième fois. Les deux moitiés commençaient à se rapprocher l'une de l'autre quand mon époux eut une soudaine inspiration. Il jeta du sable entre les deux parties du serpent, ce qui lui fit perdre son pouvoir magique. Dans un effroyable sifflement, le serpent mourut.
Neferkaptah le repoussa d'un coup de pied. Il ouvrit la boîte en fer. Comme le prêtre l'avait dit, elle contenait une boîte en bronze. Neferkaptah arracha fébrilement les couvercles des boîtes de bronze, de sycomore, d'ébène, d'ivoire et d'argent. Enfin, il arriva à la boîte en or. Il ouvrit le couvercle. Dans la boîte, un rouleau de papyrus étincelait.
C'était le Livre de Thot. »
Les doigts pâles d'Ahouerê effleuraient le papyrus posé sur la table, tandis que son regard errait sur le masque qui cachait le visage de son époux.
« Neferkaptah déroula le Livre de Thot et, sans hésiter, il lut la première formule. Il enchanta le ciel du dessus et le ciel du dessous et la terre entière. Il comprit le langage de tous les êtres vivants, et même celui des poissons qui sont au fond des mers. Mais ce n'était pas assez pour mon époux. Il lut la deuxième formule. Alors, il put voir le Soleil, et la Lune et les Étoiles sous leur forme véritable. Il put voir la splendeur des dieux.
Neferkaptah remonta dans son vaisseau. Il prononça une formule magique et les eaux du fleuve submergèrent le banc de sable et toutes les boîtes éparpillées. Il ordonna à l'équipage en cire de ramer jusqu'à Coptos. Les hommes ramèrent sans relâche pendant trois jours et trois nuits.
Durant tout ce temps, j'étais restée assise sur la berge du fleuve, au pied du temple d'Isis. Je refusai de boire et de manger tant que je n'avais pas de nouvelles de mon époux. Le matin du septième jour, il semblait que j'allais être bonne à confier aux embaumeurs. Enfin, le vaisseau royal apparut et Neferkaptah sauta sur la berge. Après m'avoir embrassée, il mit le Livre de Thot dans ma main. Je lus la première formule, je lus la deuxième formule et je partageai tous les pouvoirs de mon époux.
Un peu plus tard, Neferkaptah recopia les textes du Livre de Thot sur un autre papyrus. Il trempa ce papyrus dans de la bière, puis il le déchira en tout petits morceaux et le fit dissoudre dans un bol d'eau. Il avala le contenu du bol et avec lui le pouvoir des deux formules.
Nous avons fait des offrandes au temple d'Isis, puis nous sommes repartis avec notre fils Mrib. Mon époux se réjouissait, mais le très sage Thot était fâché de ce qu'il avait fait. Thot demanda justice à Rê, le roi des dieux :
"Neferkaptah, le fils du roi d'Égypte, a découvert la cachette de mon livre magique. Il a tué le gardien, il a ouvert les sept boîtes et il a lu les formules interdites ! Ces crimes ne peuvent rester impunis."
Rê décréta que nous n'arriverions pas sains et saufs à Memphis. Nous étions assis sur le pont du vaisseau, à l'abri d'une tente dorée. Nous ne savions pas que nous étions condamnés. »
Les yeux d'Ahouerê s'emplirent de larmes, et Mrib se boucha les oreilles avec ses mains, comme s'il ne voulait pas entendre la suite de l'histoire.

« Notre petit garçon s'appuya au bastingage pour regarder le Nil. C'est alors qu'il fut frappé par la malédiction de Rê. Il tomba dans l'eau. Je poussai un grand cri. Mon frère sortit de la tente et prononça la deuxième formule de Thot. Mrib remonta à la surface du Nil, secoua ses cheveux mouillés et nous parla de la colère de Thot. Il nous dit que Rê nous avait maudits. Aucune formule magique ne pouvait sauver Mrib, il était déjà noyé. Ses lèvres se refermèrent et il tomba à mes pieds.

Nous sommes revenus à Coptos, où nous avons passé soixante-dix jours à préparer la tombe princière de Mrib, pendant que les embaumeurs apprêtaient son corps.

Après les funérailles, nous avons fait voile vers le nord, pour annoncer la terrible nouvelle au roi notre père. Neferkaptah me surveillait, mais je ne tenais pas en place. Je marchais de long en large sur le pont, en pleurant la mort de notre fils.

Lorsque j'arrivai à l'endroit où Mrib s'était noyé, je fus frappée par la malédiction. Je tombai dans l'eau et je me noyai avant que mon époux n'ait pu me rattraper. Neferkaptah récita la deuxième formule de Thot et mon corps remonta à la surface du fleuve. Je lui parlai de la colère de Thot et de la malédiction de Rê, mais mon *ka* était déjà en occident. Mon époux me ramena à Coptos et me fit enterrer dans la tombe de Mrib.

Neferkaptah monta à bord du vaisseau royal pour rentrer à Memphis. Alors il songea :

"Je ne pourrais supporter de rester à Coptos près de la tombe de ma femme et de mon fils. Mais comment annoncer au roi que je suis parti avec sa fille et son petit-fils et que je rentre seul, parce qu'ils sont morts ?"

Il savait qu'il ne pourrait pas vivre un jour de plus. Avec une bandelette de lin, il attacha le Livre de Thot sur son corps, puis il sauta par-dessus le bastingage. Les marins poussèrent des cris horrifiés. Ils ne purent même pas retrouver son corps.

Quand le vaisseau arriva à Memphis, les marins envoyèrent un messager à la cour pour apprendre au roi que ses deux enfants et son petit-fils étaient morts. Le roi descendit au port avec les prêtres de Ptah et il vit le corps de Neferkaptah accroché au gouvernail du navire. Tous les courtisans pleuraient. Le roi dit :

« Qu'on enterre ce maudit livre avec mon fils ! »

On porta le corps de Neferkaptah aux embaumeurs, et, soixante-dix jours après, on le déposa dans cette tombe.

Tu sais maintenant quel terrible malheur nous est arrivé à cause du livre que tu me demandes. Le Livre de Thot nous a coûté la vie ; il ne pourra jamais t'appartenir. »

Setna était profondément troublé par l'histoire que lui avait racontée le *ka* d'Ahouerê, mais il était ébloui par le Livre de Thot et il lui était impossible d'y renoncer.

« Donne-moi ce livre, dit-il, ou je le prends de force ! »

Alors, la momie du prince Neferkaptah se dressa sur son lit.

« Setna Khaemouaset, si tu ne veux pas écouter l'avertissement d'Ahouerê, es-tu au moins assez grand magicien pour me prendre le Livre de Thot ? Accepterais-tu de disputer quatre parties de dames ? Si tu gagnes, le Livre de Thot sera à toi. »

Anourêraou frémit. Et si son frère perdait, que lui arriverait-il? Mais Setna s'approcha encore du Livre de Thot et répondit simplement :

« Je suis prêt. »

Tout près du lit était posé un jeu de dames, dont les cases étaient en ébène et en ivoire et les pions en or et en argent. Ils commencèrent la première partie. Ils déplaçaient les pions sans les toucher. Setna était un excellent joueur de dames, mais le prince défunt était encore meilleur que lui. Neferkaptah gagna la première partie et il murmura une formule magique. Aussitôt, Setna s'enfonça dans le sol jusqu'aux chevilles.

Anourêraou essaya de soulever son frère, mais c'était peine perdue. Setna n'avait plus qu'à disputer la deuxième partie. Il la perdit aussi. Neferkaptah prononça encore une formule magique, et Setna s'enfonça jusqu'aux hanches. Il comprit alors qu'il était en train de jouer sa vie contre le Livre de Thot.

La troisième partie commença dans le silence absolu. Setna jouait avec beaucoup d'adresse, mais le mort semblait lire dans ses pensées, et il perdit encore. Neferkaptah prononça une troisième formule magique. Setna s'enfonça jusqu'au menton. Il murmura désespérément :

« Anourêraou, cours vite demander à Pharaon mes livres de magie et mes amulettes ! »

Anourêraou s'élança dans le couloir au moment où s'engageait la quatrième partie. Bientôt, il se trouva plongé dans les ténèbres. Il pria Ptah et il chercha son chemin à tâtons. Au bout d'un laps de temps qui lui parut très long, il aperçut la lumière du jour. Anourêraou surgit de la tombe devant les ouvriers terrifiés, courut au palais, débita son histoire à Pharaon et, sans perdre un instant, repartit en courant, avec les livres de magie sous le bras, les amulettes de Ptah dans une main et une torche dans l'autre.

Dans la chambre mortuaire, les pions d'argent étaient de moins en moins nombreux sur le damier. Setna allait perdre pour la quatrième fois. Il se voyait déjà englouti dans la terre qui lui recouvrait les lèvres, les yeux... Setna ne jouait plus pour gagner, mais seulement pour retarder autant que possible l'instant fatal. Neferkaptah joua son dernier coup : il ne restait plus aucun pion d'argent. Setna ouvrait la bouche pour demander grâce, quand il entendit un bruit de pas précipités.

Anourêraou s'engouffra dans la chambre mortuaire, s'agenouilla à côté de son frère et posa les amulettes de Ptah sur sa tête. Aussitôt, le pouvoir de Ptah libéra Setna des imprécations du prince Neferkaptah. Setna bondit sur ses pieds, vacilla un moment, saisit le Livre de Thot et s'enfuit avec son frère. Ils n'avaient plus besoin de la torche : la lumière les précédait et les ténèbres restaient derrière.
Dans l'obscurité de la chambre mortuaire, Ahouerê pleurait, Mrib se serrait contre elle. Elle murmura :
« Salut, roi de Ténèbres, adieu, roi de Lumière ! Le pouvoir qui nous avait réunis s'en est allé, et je serai bannie de cette tombe solitaire. »
Mais Neferkaptah avait bu les paroles du Livre de Thot. Il était loin d'être sans ressources.
« Ne sois pas triste, dit-il. J'obligerai Setna à nous rapporter lui-même le Livre de Thot en tenant un bâton fourchu dans la main et en portant une coupe d'encens sur la tête ! »
Quand les deux princes sortirent de la tombe, ils ordonnèrent aux ouvriers de murer l'entrée avec des briques et de la recouvrir de sable. Setna se rendit au palais et il raconta tout ce qui s'était passé à Pharaon. Ramsès prit un air sévère.
« Mon fils, dit-il, le plus sage serait de rendre le Livre de Thot immédiatement. Sinon, Neferkaptah t'obligera à le lui rapporter humblement, avec un bâton de suppliant dans ta main et de l'encens pour te protéger. »
Mais Setna n'écoutait pas. Il était bien trop impatient de dérouler le papyrus étincelant. Il étudia le rouleau de papyrus pendant plusieurs jours, car l'ancienne écriture était difficile à déchiffrer.
Un matin, Setna marchait dans la cour, devant le temple de Ptah, en réfléchissant à la première formule du Livre, quand il aperçut une jeune femme qui se dirigeait vers le temple, escortée par une foule de servantes et de pages. Depuis ses pieds délicats jusqu'à ses cheveux noirs aux reflets bleutés, c'était la plus jolie créature que Setna eût jamais vue. Quand leurs regards se croisèrent, il se sentit tout étourdi. Puis, la femme cacha son visage derrière un éventail de plumes d'autruche et elle entra dans le temple. Setna demanda à un de ses esclaves :
« Tu as vu cette femme ? Tâche de savoir qui c'est ! »
Il attendit à l'ombre du portail. Le jeune garçon ne tarda pas à revenir avec la réponse :
« Mon seigneur, ses servantes disent que c'est la dame Taboubê, la fille du prophète de Bastet d'Ankhtouy. Elle est venue faire des prières à Ptah.
— Retourne dans le temple, et dis à une de ses servantes que tu viens de la part de Setna Khaemouaset. Qu'elle fasse savoir à sa maîtresse que je lui offrirai dix pièces d'or, ou que je réglerai un litige en sa faveur, si elle accepte de passer un moment avec moi. »
L'esclave, fort étonné par les paroles de son maître, fit ce qu'on lui demandait. Quand il chuchota son message à l'oreille d'une servante, la jeune femme s'indigna de cette insulte à l'honneur de sa maîtresse, et elle se mit à invectiver le pauvre esclave. Taboubê lui demanda ce qu'elle avait, et le jeune garçon, tout confus, répéta son message. Taboubê répondit calmement :
« Dis à Setna Khaemouaset que je suis une dame de qualité, et une prêtresse par mes fonctions. S'il veut me rencontrer, je le recevrai dans ma maison, à Bubastis. »
Quand l'esclave lui rapporta ces paroles, Setna fut enchanté. Il oublia son épouse et toute sa famille. Il oublia même le Livre de Thot. Il ne pensait plus qu'à Taboubê. Le lendemain, il partit pour Bubastis.
Il trouva très facilement la maison du prophète de Bastet. Il se présenta, et on lui demanda d'attendre dans le jardin. Setna s'assit sous une treille. Il songeait à Taboubê. Soudain, il leva les yeux : elle était là, devant lui, vêtue d'une robe moulante. Elle avait fardé ses paupières avec de la malachite et ses cils avec du khôl noir. Des fleurs de lotus parfumaient ses cheveux.
Taboubê fit entrer Setna dans son salon. Le sol était de lapis-lazuli, les murs tapissés de turquoise, les banquettes d'ébène, garnies de tissus moelleux. Sur la table, on avait disposé des assiettes de grenades et des vases de vin. Des vapeurs d'encens flottaient dans l'air. Taboubê fit asseoir Setna auprès d'elle. Elle lui offrit une grenade, mais il était trop ému pour manger. Alors, elle servit du vin et ils burent ensemble. Setna voulut embrasser Taboubê. Elle recula un peu et dit :
« Je suis une dame de qualité, et une prêtresse par mes fonctions. Tu dois m'épouser, avec un contrat en bonne et due forme.
— Fais appeler un scribe », répondit Setna.
Il était si éperdu d'amour qu'il n'avait pas hésité un instant. En quelques minutes, le scribe rédigea un contrat par lequel Setna cédait tous ses biens à sa nouvelle épouse ; Setna signa, et le

scribe sortit. Alors, Setna essaya de nouveau d'embrasser Tabоubê, mais elle le repoussa en disant :
« Le contrat n'est pas valable si tes enfants ne renoncent pas à leurs droits. Ils sont dans la pièce à côté, fais-les venir pour qu'ils signent le contrat. »
Setna était grisé par le vin et par la beauté de Taboubê, si bien qu'il ne songea même pas à s'étonner. Ses petites filles signèrent le contrat qui les spoliait de leur héritage. Après leur départ, Setna but une autre coupe de vin et passa son bras autour de la taille de Taboubê, mais elle s'écarta, et une larme perla sur sa joue fardée.
« Si tu m'aimes vraiment, dit-elle, il faut faire tuer tes filles. Je suis sûre qu'elles ne vont pas accepter notre mariage et qu'elles nous rendront malheureux. »
Quand Setna regardait les yeux de Taboubê, il ne pouvait rien lui refuser. Il ordonna que ses filles soient jetées par la fenêtre. Et, pendant qu'il buvait du vin, il entendit les cris des chiens et des chats qui déchiraient les corps de ses enfants. Puis la belle Taboubê posa ses bras blancs sur les épaules de Setna, se pencha pour l'embrasser... Soudain, Taboubê poussa un grand cri, et Setna se retrouva accroupi au beau milieu de la route, en train d'embrasser la poussière. Taboubê et sa maison avaient disparu. Setna reprit ses esprits. Alors, il se rendit compte de l'atrocité de ses actes. Il se vautra dans la poussière, en poussant des gémissements. Les passants s'arrêtaient pour le regarder, se demandant si c'était un fou ou un ivrogne. Le pauvre Setna ne vit même pas que quatre Nubiens s'approchaient en portant une chaise d'ébène. Dans la chaise était assis un homme qui portait de splendides vêtements et des bijoux royaux. Il sembla s'amuser de voir Setna dans cette posture.
« Que fait là le prince Setna Khaemouaset ? demanda-t-il.
— Neferkaptah s'est vengé, et mes enfants... commença Setna.
— Retourne à Memphis, dit l'étranger en souriant. Tu trouveras tes enfants à la cour de Pharaon, sains et saufs. »
Setna n'en croyait pas ses oreilles. Avait-il été le jouet d'une illusion ? L'étranger fit un signe de tête à l'un de ses esclaves, qui lança un manteau propre à Setna, puis il répéta :
« Retourne à Memphis. Tes enfants vont bien. »
Cette voix n'était pas inconnue à Setna. Il voulut remercier l'étranger, mais il n'en eut pas le

temps, car les Nubiens, la chaise et l'homme avaient disparu.
Setna s'empressa de retourner à Memphis. Il embrassa sa femme et ses enfants avec une ardeur presque frénétique, et il leur demanda au moins dix fois s'il ne leur était rien arrivé.
Quand il se présenta devant Pharaon, il était très mal à l'aise. Il lui raconta son aventure et, quand il eut terminé, Ramsès lui dit :
« Setna, je t'ai averti, mais tu ne m'as pas écouté. Veux-tu rendre le Livre de Thot avant qu'il n'arrive quelque chose de bien plus terrible ? »
Ce soir-là, les ouvriers ouvrirent de nouveau la tombe de Nerferkaptah. Setna avait l'air tout penaud. Il s'avança dans le couloir en portant une coupe d'encens en équilibre sur sa tête, un bâton fourchu dans une main et le Livre de Thot dans l'autre. Quand il entra dans la chambre mortuaire, Ahouerê murmura :
« Ah, Setna, tu n'aurais jamais pu t'en sortir vivant si tu n'avais pas eu la protection de Ptah ! »
Et son époux dit en riant :
« Ainsi, ma prédiction s'est accomplie. »
Setna s'inclina humblement devant le prince défunt et posa le Livre de Thot sur la table. Puis il demanda prudemment :
« Dois-je faire autre chose ?
— Sois la force de ma magie, répondit Neferkaptah. Je garde les *kas* de ma femme et de mon fils auprès de moi, mais c'est une tâche épuisante.

Va donc chercher leurs corps à Coptos, et amène-les ici. Alors, nous serons vraiment réunis. »
Dès son retour au palais, Setna fit part à Pharaon de la requête de Neferkaptah. Ramsès lui fit préparer un bateau.
À Coptos, les prêtres et les prêtresses d'Isis accueillirent Setna. Il fit des offrandes de bœufs, d'oies et de vin à la déesse et à son fils Horus, puis le grand prêtre l'accompagna dans la Cité des Morts. Pendant trois jours, Setna regarda toutes les tombes, lut toutes les inscriptions, mais il ne put trouver aucune trace de la famille de Neferkaptah.
Cependant, le prince défunt surveillait Setna. Voyant que le jeune homme ne trouvait pas la tombe, il se transforma en un très vieux prêtre et s'approcha de lui. Setna le salua poliment.
« Tu sembles être le prêtre le plus âgé de Coptos, dit-il. As-tu quelque souvenir de l'endroit où reposent la princesse Ahouerê et son fils ? »
Après avoir fait semblant de réfléchir, le vieillard répondit :
« Le grand-père du grand-père de mon père affirmait que le grand-père de son père lui avait dit que la tombe d'Ahouerê se trouvait sous la maison du grand prêtre.
— Comment savoir si tu dis vrai ? demanda Setna, méfiant. Tu as peut-être envie de voir démolir la maison du grand prêtre, par pure malveillance !
— Eh bien, garde-moi comme prisonnier, suggéra le vieillard édenté. Si tu ne trouves pas la tombe, tu me donneras la mort. »
Setna fit démolir la maison du grand prêtre et les ouvriers découvrirent une très vieille tombe. Dans une fosse profonde étaient déposés les cercueils de Mrib et d'Ahouerê. Setna fit construire une nouvelle maison pour le grand prêtre. Quand il voulut remercier le vieil homme, il ne put le trouver. Le prisonnier avait disparu, alors qu'il était bien gardé. Setna comprit que ce vieil homme n'était autre que Neferkaptah.
Après avoir fait transporter les cercueils de Mrib et d'Ahouerê dans la chambre mortuaire de Neferkaptah, Setna ordonna aux ouvriers de murer la tombe. Personne n'a plus jamais essayé de lire le Livre de Thot.

# Le jeune magicien

LE PRINCE Setna Khaemouaset et sa femme Mehousekhe avaient deux jolies petites filles, et ils auraient bien voulu avoir aussi un petit garçon. Depuis des années, ils avaient accumulé les offrandes sur les autels des dieux, mais leur prière n'était toujours pas exaucée. Or, en ce temps-là, les malades et les femmes stériles avaient coutume d'aller dormir dans l'enceinte sacrée de certains temples. Ils espéraient que la divinité leur apparaîtrait en rêve et leur révélerait le moyen de guérir. En désespoir de cause, Mehousekhe décida de passer une nuit dans le temple d'Osiris.

Setna et sa femme arrivèrent à la tombée de la nuit. Le bâtiment destiné à héberger les malades était déjà bondé, et une foule de gens avaient même commencé à s'installer dans la cour. Toutefois, par égard pour la haute condition de Mehousekhe, les prêtres lui trouvèrent une chambre. (En fait, ce n'était guère qu'une minuscule alcôve aux murs très minces.) Le prince embrassa sa femme et s'en alla. Mehousekhe s'allongea et ferma les yeux. De tous côtés résonnaient les gémissements des malades et les prières des femmes stériles. Mehousekhe était certaine qu'elle ne pourrait jamais dormir dans cet endroit, mais elle murmura une prière à Isis et Osiris et, au bout de trois longues heures, elle finit par s'endormir.

Quand elle se réveilla, un peu avant l'aube, elle savait qu'un dieu lui avait parlé durant son sommeil. Elle ne pouvait se rappeler quelle apparence avait prise ce dieu, mais elle était sûre d'avoir entendu une voix mystérieuse qui disait :

« Epouse de Setna, demain tu iras à l'étang où se baigne ton mari. Près de l'étang, poussent des melons grimpants. Tu couperas une branche avec son fruit, tu l'écraseras et tu la mélangeras avec de l'eau. Puis tu boiras ce mélange et tu embrasseras ton mari. Alors, tu concevras un fils. »

Mehousekhe déposa des offrandes sur l'autel d'Osiris, et elle partit bien vite vers l'étang. Elle fit tout ce que le dieu lui avait prescrit. Quelque temps après, elle s'aperçut qu'elle attendait un enfant. En apprenant cette nouvelle, Setna fut à la fois très heureux et très inquiet. Il orna son cou d'une puissante amulette, et il récita des formules magiques pour éloigner tout danger de sa femme et de l'enfant à venir. Une nuit, Setna rêva qu'un dieu lui disait :

« Setna Khaemouaset, ton épouse attend un enfant. C'est un garçon. Quand il sera venu au monde, tu l'appelleras Sa-Osiris. Il accomplira de nombreux miracles en Égypte. »

À partir de ce jour-là, Setna compta avec impatience les jours et les mois qui s'écoulaient. Enfin vint le jour tant attendu. Mehousekhe donna naissance à un beau petit garçon, et on l'appela Sa-Osiris.
Il devint bientôt évident que cet enfant avait des dons exceptionnels. Setna l'envoya à l'école à l'âge où les autres enfants savent à peine parler. Il apprit à lire et à écrire avec une rapidité incroyable. En l'espace de quelques mois, il fut plus savant que le vieux scribe qui lui faisait la classe. Alors Setna fit venir son fils dans le temple de Ptah, où lui-même était grand prêtre, et il le confia aux érudits de la Maison de Vie. C'était là que l'on étudiait l'astronomie, les mathématiques, la médecine, la magie et les livres sacrés.
Jamais les érudits de la Maison de Vie n'avaient eu un élève aussi doué. Il apprit les rituels de tous les dieux, dans tous les temples et pour chaque jour de l'année. Il apprit à reconnaître les étoiles, à déterminer quels jours étaient favorables et quels jours ne l'étaient pas. Il apprit les formules pour chasser toutes les sortes de maladies, et pour protéger les enfants et les morts. À l'âge de sept ans, il connaissait par cœur tous les livres de la bibliothèque du temple. Il étonnait tout le monde par son intelligence, et Setna attendait avec impatience le jour où il pourrait présenter son fils à la cour.

Un soir, Sa-Osiris était avec son père dans leur maison de Memphis, en train de se préparer pour un banquet, lorsque Setna entendit soudain des gémissements. En regardant par la fenêtre, il vit un somptueux convoi funèbre. Un cercueil doré était traîné par une paire de bœufs et entouré de femmes en pleurs. C'étaient des pleureuses, que l'on avait payées pour se frapper la poitrine et se lamenter comme si Osiris lui-même venait de mourir une seconde fois. Derrière elles marchaient en files des serviteurs qui portaient des chaises d'ébène, des coffrets d'ivoire remplis de bijoux, des éventails de plumes d'autruche, des coffres de linge fin et toutes les autres choses précieuses qui seraient enterrées avec le mort dans sa tombe.
Un autre enterrement suivait ce cortège. Un pauvre homme, qui était mort sans foyer et sans amis, était enveloppé dans une natte. On le conduisait à sa fosse tombale, creusée dans les sables du désert. Aucune pleureuse ne l'accompagnait, et il n'avait même pas un simple collier de perles à emmener avec lui dans la tombe. Setna s'écria : « Ah ! Comme l'homme riche est plus heureux que le pauvre, même dans la mort ! »
Sa-Osiris s'était approché de la fenêtre. il se tourna vers son père et dit d'une voix calme :
« Tu crois ? Pour ma part, je souhaite que tu puisses connaître le même sort que ce pauvre homme.
— Comment peux-tu dire une chose pareille ? demanda Setna, indigné.
— Si tu le veux bien, je te montrerai ce qu'il est advenu de l'homme riche, pour qui se lamentent les pleureuses, et de l'homme pauvre, qui n'a pas de pleureuses. Viens avec moi. »
Sa-Osiris prit la main de son père et le fit descendre dans la rue. Ils prirent un bac pour traverser le Nil et ils entrèrent dans la Cité des Morts, à la lisière du désert occidental. Ils s'avancèrent parmi les vieilles tombes. Sa-Osiris prononça une formule pour supprimer les frontières entre le royaume des vivants et le royaume des morts. Soudain, Setna eut l'impression que tout le poids de son corps avait disparu, et qu'il pouvait voler. Le jeune magicien entraîna son père dans le monde inférieur à une vitesse étourdissante. Setna aperçut les formes indistinctes des démons armés de longs couteaux, mais Sa-Osiris connaissait les formules qui apaisaient les gardiens des Portes.

Ils s'enfoncèrent dans les profondeurs du monde inférieur, et Setna se retrouva face à un groupe d'hommes accroupis sur le sol d'une pièce sombre. Ces hommes essayaient de tresser des brins de paille pour en faire des cordes. Leurs doigts étaient tout écorchés et ils n'arriveraient jamais au bout de leur tâche, car il y avait auprès de chacun d'eux un âne qui mangeait la corde au fur et à mesure.
Dans cette pièce, il y avait un autre groupe d'hommes décharnés, au visage émacié, aux yeux brillants de faim. Ils se contorsionnaient pour essayer d'atteindre les pains et les cruches d'eau qui étaient suspendus au-dessus de leurs têtes. Chaque fois qu'ils semblaient tout près de toucher leur but, des démons creusaient des trous sous leurs pieds et les malheureux tombaient avant d'avoir pu saisir un seul morceau de pain.
La pièce suivante était pleine d'âmes qui demandaient grâce. La charnière de la porte était plantée dans l'œil d'un homme qui ne cessait de pleurer et de prier. Quand la porte s'ouvrit, l'homme poussa un hurlement de douleur. Setna frissonna, mais Sa-Osiris l'entraîna dans une autre pièce. Là, les démons du monde inférieur énuméraient les péchés des morts devant les quarante-deux juges. En entrant dans la dernière pièce, Setna fut ébloui par le roi des morts.
Osiris au teint vert, drapé dans du lin blanc, était assis sous un baldaquin en or qui portait la crosse et le fléau, symboles de la royauté. La courageuse Isis et la douce Nephthys se tenaient derrière lui, tandis qu'Anubis à tête de chacal, le gardien des morts, et Thot à tête d'ibis, le scribe des dieux, se tenaient devant lui. Tapie dans l'ombre, il y avait la silhouette monstrueuse, en partie lion, en partie crocodile et en partie hippopotame, du Grand Dévoreur, qui donnait une seconde mort aux âmes des méchants. La grande salle était pleine d'âmes glorifiées, et le centre était occupé par la balance où l'on pesait les cœurs des morts.
Sa-Osiris chuchota à son père :
« Tu vois cette âme glorifiée, vêtue d'un habit d'or, qui porte les plumes de la Vérité et qui se tient auprès du trône d'Osiris ? C'est l'esprit de l'homme que tu as vu se diriger vers sa pauvre tombe sans personne pour le pleurer. Son esprit est entré dans le monde inférieur, on l'a conduit dans la Place du Jugement, et il a affronté les quarante-deux juges. On a pesé son cœur ; il était plus léger que la plume de Vérité, car ses bonnes actions l'ont emporté sur ses mauvaises actions, dans la vie que Thot lui avait assignée. Osiris lui-même l'a accueilli parmi les glorifiés, et a ordonné que l'on donne à l'homme pauvre tous les trésors enterrés avec l'homme riche. »
Setna regardait avec stupeur l'esprit flamboyant qui, quelques heures auparavant, était un des mendiants de Memphis. Il n'eut pas le temps de poser la question qui lui venait aux lèvres, car déjà Sa-Osiris y répondait :
« Quant à l'homme riche dont tu as pu admirer le somptueux convoi funèbre, il avait accompli beaucoup de mauvaises actions, et il avait laissé passer de nombreuses occasions de faire le bien. Osiris l'a condamné, c'est lui que tu as vu tout à l'heure, avec un œil crevé par la charnière de la porte. Par Osiris, Seigneur des morts, quand je te souhaitais de connaître le même sort que l'homme pauvre, je savais ce qui arriverait à son âme. »
Alors, Setna comprit qu'il s'était trompé sur les paroles de son fils, et il lui demanda humblement de lui expliquer les autres prodiges qu'ils venaient d'observer.
« Les hommes qui tressaient la paille et ceux qui essayaient d'atteindre les miches de pain étaient des âmes réprouvées, condamnées au supplice. Mon cher père, retiens bien cette leçon : si tu es

bon sur la terre, le roi des morts sera bon avec toi ; si tu fais du mal, il te fera du mal. Telle est la loi des dieux pour toute l'éternité. »
Setna baissa la tête. Tous deux s'en retournèrent par d'étranges chemins. Ils rentrèrent à Memphis en marchant main dans la main, et Setna songeait :
« Mon fils est presque l'égal d'un dieu, et pourtant, si on me demande qui il est, je peux répondre qu'il est mon fils. »
Cependant, il était passablement effrayé, car il avait vu ce que nul homme vivant n'avait encore jamais vu. Et il savait que le fils de Pharaon lui-même devait craindre le jugement de la mort.

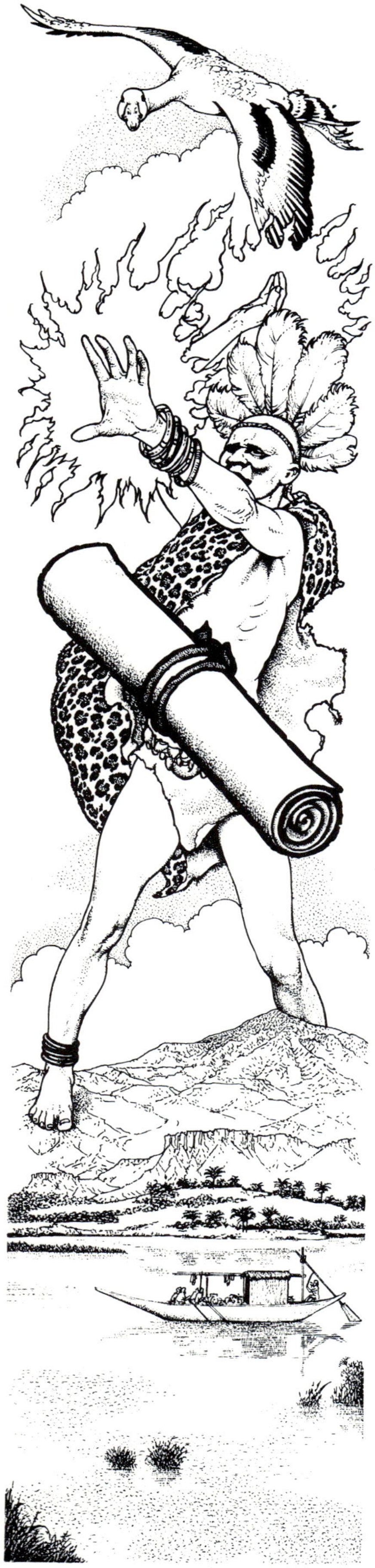

## La lettre cachetée

UN JOUR, le grand pharaon Ramsès donna une réception à la cour de Memphis. Il était assis sur son trône, entouré par des prêtres, des généraux, des conseillers et tous les notables égyptiens, quand un chef de tribu nubien se fit annoncer. Vêtu d'un superbe manteau en peau de léopard, coiffé d'un turban à aigrette et paré de bijoux en or et en ivoire, le Nubien avait fière allure. Il s'avança vers Pharaon, s'inclina trois fois et parla d'un ton hautain :
« Y a-t-il quelqu'un dans cette assemblée qui puisse lire la lettre que je porte sans l'ouvrir ? Si aucun prêtre ni aucun scribe de cette cour n'est capable de lire la lettre sans la décacheter et sans dérouler le papyrus, je rapporterai en Nubie la honte de l'Égypte. »
Les courtisans étaient consternés. Jamais ils n'avaient rencontré un homme capable d'accomplir un tel exploit. Cependant, Pharaon dit tranquillement :
« Qu'on aille chercher le plus instruit de mes fils, le prince Setna Khaemouaset. »
Les domestiques s'empressèrent, et quelques instants après, Setna s'inclinait devant le trône de son père.
« Mon fils, dit Pharaon, ce chef nubien demande s'il y a en Égypte un homme capable de lire une lettre sans l'ouvrir.
— C'est une question saugrenue, répondit Setna. Donne-moi dix jours, et je verrai ce que je peux faire pour éviter que l'Égypte ne se couvre de honte aux yeux des mangeurs de gomme. »
Pharaon accorda les dix jours à son fils. Il fit préparer un appartement pour le chef de tribu, et ordonna qu'on lui serve de la cuisine nubienne. Puis il s'en alla avec beaucoup de calme et de dignité. Pourtant, il perdit l'appétit et le sommeil tant il craignait de voir la honte retomber sur son pays.
Setna était encore plus inquiet. Il rentra chez lui en marchant comme un somnambule et il s'allongea sur son lit. Sa femme Mehousekhe lui demanda s'il était malade.
« Ne t'occupe pas de moi, murmura Setna. Mon cœur est affligé d'un souci dont aucune femme ne pourrait me libérer. »
À cet instant, Sa-Osiris entra dans la chambre et voulut savoir ce qui se passait.
« Ne t'occupe pas de moi, marmonna Setna. Tu n'as que douze ans, et aucun enfant ne pourrait m'aider à chasser le souci qui afflige mon cœur.
— Dis-moi ce que c'est », répéta Sa-Osiris.

Alors, Setna lui parla du défi lancé par le chef nubien, et il ajouta :
« Si je ne réussis pas à trouver en Égypte un seul homme capable de lire cette lettre cachetée, mon pays sera couvert de honte à jamais. »
Sa-Osiris partit d'un grand rire. Ses parents s'indignèrent, car ils ne trouvaient pas cela très drôle.
« Mon père, dit le jeune garçon, je ris de voir que tu t'abandonnes au désespoir pour si peu de chose. Je peux très bien lire cette lettre.
— Peux-tu prouver ce que tu affirmes ?
— Si tu veux descendre dans ta bibliothèque et prendre un rouleau dans un coffre, je lirai ce rouleau sans bouger d'ici. »
Setna dévala l'escalier, ouvrit un coffre de cèdre, sortit un rouleau de papyrus qui contenait des formules magiques contre les fièvres, resta immobile une ou deux minutes, rangea le rouleau et monta dans la chambre. Alors, devant ses parents médusés, Sa-Osiris récita toutes les formules consignées sur le papyrus. Mais Setna n'était pas convaincu. Il recommença l'expérience plusieurs fois, et chaque fois Sa-Osiris récita le contenu du papyrus. Alors Setna courut au palais pour annoncer la bonne nouvelle à son père. Ramsès en fut si content qu'il fit donner un grand banquet pour son fils et son petit-fils.
Le lendemain matin, Ramsès fit appeler le chef nubien dans la salle du trône. L'homme portait la lettre attachée à sa ceinture. Sa-Osiris s'avança vers lui et dit :
« Démon de Nubie, tu es venu dans le beau pays d'Égypte, le jardin d'Osiris, la terre de Rê, pour nous couvrir de honte. Puisses-tu être foudroyé par Amon ! Je vais lire ta lettre, mais ne t'avise pas de tromper Pharaon sur son contenu.
— Je ne mentirai pas », dit le Nubien, plein d'arrogance.
Comment aurait-il pu avoir peur d'un enfant ? Et pourtant, quand Sa-Osiris commença à raconter le contenu de la lettre, il perdit sa belle assurance. Voici ce qui était écrit dans la lettre :
« Du temps où le pharaon Siamen gouvernait l'Égypte, la Nubie était jalouse de sa richesse et de sa puissance. Un jour, le prince de Nubie, qui se reposait dans les jardins d'Amon, surprit la conversation de trois sorciers.
"Si je ne craignais pas le châtiment d'Amon et de Pharaon, dit le premier sorcier, je jetterais un sort sur l'Égypte et tout le pays serait plongé dans les ténèbres pendant trois jours et trois nuits. Les gens trembleraient de peur.
— Si je ne craignais pas le châtiment d'Amon et de Pharaon, déclara le deuxième sorcier, je jetterais un sort sur l'Égypte et les terres resteraient stériles pendant trois ans. Rien ne pousserait.
— Si je ne craignais pas le châtiment d'Amon et de Pharaon, affirma le troisième sorcier, je jetterais un sort sur l'Égypte et Pharaon serait conduit en Nubie pour être fustigé sous les yeux de notre prince, puis il serait renvoyé en Égypte. Cela, en l'espace de six heures."
Le prince ordonna à son domestique d'aller chercher les trois sorciers. Il leur demanda :
"Lequel d'entre vous s'est vanté de pouvoir faire venir Pharaon et le faire battre en ma présence ?
— C'est Sa-Neheset, répondirent les deux autres.
— Eh bien, jette ton sort sur l'Égypte ! Et, si tu réussis, je saurai te récompenser !"
Sa-Neheset modela un palanquin et quatre porteurs en cire. Il récita des formules magiques et insuffla la vie aux porteurs ; puis il leur commanda de partir pour l'Égypte, de ramener Pharaon en Nubie, et de lui donner cinq cents coups de bâton. Les porteurs ouvrirent leur bouche de cire pour s'écrier en chœur :
"Nous ferons ce que tu dis."
Ce soir-là, le sorcier jeta son sort sur l'Égypte. Les porteurs entrèrent dans la chambre de Pharaon sans se faire remarquer par les gardes ; ils portèrent Siamen en Nubie, le firent tomber aux pieds du prince et le rouèrent de coups devant tous les courtisans hilares. Après quoi, ils ramenèrent Pharaon en Égypte et le couchèrent dans son lit. Tout cela n'avait pas duré plus de six heures, car les porteurs en cire étaient dotés d'une force magique... »
Sa-Osiris interrompit sa lecture pour demander :
« N'est-ce pas ce qui est écrit dans la lettre ?
— C'est exactement le contenu de la lettre, murmura le Nubien, il n'y manque pas un mot. »
Sa-Osiris fixa son regard sur la lettre cachetée et continua sa lecture.
« ... Quand Siamen se retrouva dans son lit, Il appela ses gardes et ses serviteurs.
"Combien de temps me suis-je absenté ? Que s'est-il passé ?" demanda-t-il.
Il y eut un moment de silence et de gêne. Les serviteurs étaient persuadés que Pharaon n'avait pas bougé de son lit durant toute la nuit. Enfin, un chambellan prit son courage à deux mains et se décida à parler :
"Ô Pharaon, notre grand seigneur ! nous ne comprenons pas. Ta Majesté a dormi toute la nuit dans son lit.

— Je vous dis que j'ai été transporté en Nubie, s'écria Siamen. Et que j'ai reçu cinq cents coups de bâton.''

Il se retourna pour montrer son dos couvert de meurtrissures. Les serviteurs poussèrent des cris d'horreur, gémirent et se lamentèrent, mais personne ne savait plus que faire. Alors, le grand magicien Sa-Paneshe entra dans la chambre royale. Après avoir examiné le dos de Pharaon, il déclara :

''C'est l'œuvre de la sorcellerie nubienne. Maintenant, je dois retourner leur magie contre eux.

— Fais vite, murmura Siamen, je ne pourrais pas supporter une autre nuit comme celle-ci.''

Sa-Paneshe attacha des amulettes au front, au cou et aux bras de Siamen en prononçant des formules magiques. Il laissa Pharaon aux mains des médecins royaux pour se rendre à Hermopolis. Sa-Paneshe entra dans le temple de Thot, fit des offrandes au dieu et le pria à haute voix :

''Ô deux fois grand ! ne laisse pas les Nubiens humilier l'Égypte ! Tu as créé la magie, tu connais toutes les choses qui existent sur la terre, dans le ciel du dessus et dans le ciel du dessous. Aide-moi à sauver Pharaon et à vaincre la sorcellerie nubienne !''

Sa-Paneshe déroula une natte et s'étendit pour dormir dans le temple. Thot lui apparut en rêve. Il lui dit :

''Demain tu iras dans la bibliothèque du temple. Tu trouveras un cabinet secret et, dans ce cabinet, un coffre fermé à clé. Il y a dans ce coffre un livre écrit de ma propre main. Tu prendras le papyrus, tu copieras les formules dont tu as besoin, et tu remettras le Livre de Thot dans le coffre. Ne divulgue jamais ce secret !''

Le lendemain, Sa-Paneshe fit exactement ce que lui avait dit le dieu. Or, cette nuit-là, en Nubie, Sa-Neheset avait insufflé la vie à ses personnages en cire et les avait envoyés en Égypte. Encore une fois, les porteurs entrèrent dans le palais sans se faire remarquer par les gardes, mais ils ne purent

s'approcher du lit de Pharaon. Il semblait y avoir une barrière invisible. Pharaon sentit palpiter les amulettes qui le protégeaient. Il resta immobile toute la nuit, pendant que les personnages de cire tournaient en rond dans la chambre, essayant de trouver une faille dans la barrière magique. Quand le jour commença à poindre, les porteurs durent rentrer en Nubie.

Siamen fit appeler Sa-Paneshe, et il lui raconta ce qui s'était passé. Le magicien était ravi d'avoir réussi à protéger Pharaon, mais cela ne suffisait pas. Il voulait punir les Nubiens.

Sa-Paneshe modela un palanquin et quatre porteurs en cire, il leur insuffla la vie et les envoya en Nubie. Au beau milieu de la nuit, les hommes de cire s'emparèrent du prince nubien, le portèrent en Égypte, lui donnèrent cinq cents coups de bâton devant Pharaon et ses courtisans, puis ramenèrent le prince dans son palais.

Le lendemain matin, le prince de Nubie réveilla le palais entier par ses cris et ses imprécations. On traîna le sorcier Sa-Neheset au pied du lit.

"Sois maudit par le taureau de Méroé ! grommela le prince. C'est toi qui as eu l'idée de jeter un sort sur l'Égypte. Alors, protège-moi de cet effroyable sorcier égyptien !"

Sa-Neheset récita toutes les formules qu'il connaissait et il couvrit le prince avec toutes sortes d'amulettes, mais les hommes de cire revinrent dans la nuit, et le prince reçut une nouvelle série de cinq cents coups devant les courtisans égyptiens. Et de même la nuit suivante. Le matin du quatrième jour, le prince excédé fit encore appeler Sa-Neheset.

"Par le taureau de Méroé, tu m'as fait humilier ! Si tu ne réussis pas à me protéger cette nuit, je te ferai mourir sous la torture !"

Sa-Neheset demanda la permission de partir en Égypte pour affronter son rival dans un combat de magie. Avant de partir, il alla voir sa mère, qui lui avait enseigné la magie.

"Méfie-toi des magiciens égyptiens, mon fils, dit-elle. Si tu quittes la Nubie maintenant, tu ne reviendras jamais, et je ne pourrai rien pour toi.

— Je n'ai pas le choix, répondit tristement Sa-Neheset.

— Alors, il faudra m'avertir quand tu seras en danger, je saurai que tu as besoin de mon aide.

— Si l'eau que tu es en train de boire prend la couleur du sang et que du sang macule le ciel, tu sauras que cet Égyptien me tient à sa merci. »

Le sorcier nubien, bardé de tout son pouvoir magique, arriva bientôt à la cour de Memphis. Il se présenta devant Pharaon et il lança un défi à Sa-Paneshe. Les deux sorciers s'affrontèrent dans l'enceinte du palais. Ils commencèrent par s'insulter, puis Sa-Neheset invoqua le feu. Des flammes jaillirent du sol, montèrent vers Pharaon, mais déjà Sa-Paneshe avait invoqué l'eau, et des trombes de pluie éteignirent l'incendie.

Sa-Neheset invoqua les ténèbres. Un nuage noir enveloppa le palais, mais Sa-Paneshe invoqua la lumière et les rayons du soleil dissipèrent l'obscurité. Le Nubien prononça une formule très puissante. Il fit apparaître un grand dôme de pierre au-dessus de Pharaon et de ses courtisans. Les Égyptiens terrifiés se blottirent les uns contre les autres, mais Sa-Paneshe fit apparaître un gigantesque bateau en papyrus, qui emporta le dôme dans la mer.

Alors, Sa-Neheset comprit qu'il ne pourrait jamais vaincre l'Égyptien. Il ne lui restait plus qu'à tenter de s'échapper. Il se rendit invisible, mais il n'eut pas le temps d'aller bien loin, car Sa-Paneshe prononça une formule qui rendit visibles toutes les choses invisibles. Le Nubien fit encore une tentative désespérée. Il se transforma en oie et s'envola au-dessus du palais. Sa-Paneshe lui jeta un sort qui le fit tomber sur le dos, aux pieds d'un oiseleur armé d'un couteau. À cet instant précis, la mère de Sa-Neheset buvait une coupe d'eau. L'eau devint toute rouge, une tache de sang apparut dans le ciel. Elle comprit que son fils était en danger. Elle se changea en oie et s'envola vers Memphis. Là, elle se mit à tournoyer au-dessus du palais en poussant de petits cris. Quand il aperçut le volatile, Sa-Paneshe se rendit compte que c'était une sorcière ; il la fit tomber à côté de son fils. La sorcière reprit sa forme humaine pour implorer la miséricorde des Égyptiens.

"Si tu veux être pardonnée, dit Sa-Paneshe, tu dois jurer sur tous les dieux que tu ne reviendras jamais en Égypte."

La femme obéit. Son fils jura qu'il ne reviendrait pas pendant quinze cents ans. Pharaon s'estima satisfait, et il laissa partir les deux Nubiens. On ne les a plus jamais vus en Égypte... »

Sa-Osiris s'inclina devant Pharaon.

« Maintenant, tu connais le contenu de cette lettre, mais tu ne sais toujours pas pourquoi ce Nubien est venu ici. C'est pour se venger. Le sorcier Sa-Neheset est né une deuxième fois. Maintenant que les quinze cents ans se sont écoulés, il est revenu ici, sous l'apparence d'un chef de tribu. »

Les courtisans en avaient le souffle coupé. Sa-Osiris continua :
« Il ne s'est jamais repenti de ses crimes. Il est venu pour te faire du mal, mais il n'y parviendra pas, car je suis son ancien ennemi. Je suis Sa-Paneshe. J'ai passé quinze cents ans parmi les âmes glorifiées, et, quand j'ai découvert que ce démon voulait revenir en Égypte, j'ai supplié Osiris de me laisser vivre encore une fois, juste le temps de l'empêcher de nuire. Osiris envoya mon esprit dans les melons grimpants, près de l'étang, et c'est la femme de Setna qui me donna naissance. Je suis venu t'affronter une nouvelle fois, Sa-Neheset ! »
Quand il entendit ces mots, l'esprit malfaisant commença à jeter un sort sur Pharaon et ses courtisans, pour les détruire tous. Aussitôt, Sa-Paneshe invoqua le feu. Les flammes encerclèrent le sorcier nubien et le consumèrent corps et âme.
Sans un mot pour son père, Sa-Paneshe disparut. Il avait accompli sa mission, et Osiris le rappelait auprès de lui dans le monde inférieur. Les courtisans et Pharaon chantèrent ses louanges et remercièrent Osiris. Setna pleurait. Il rentra chez lui et s'étendit sur son lit. Sa femme Mehousekhe s'allongea à côté de lui pour le consoler. Neuf mois après, elle mettait au monde un autre petit garçon, mais Setna ne devait jamais se consoler de la perte de Sa-Osiris.

# Le voleur ingénieux

AU V^e^ SIÈCLE avant Jésus-Christ, l'historien grec Hérodote visita l'Égypte. Dans ses textes consacrés à l'Égypte, il parle du fabuleux trésor du pharaon Rhampsinitus et de deux voleurs qui auraient tenté de s'en emparer. On pense généralement que Rhampsinitus était en fait le pharaon Ramsès III, qui gouverna l'Égypte au XII^e siècle avant Jésus-Christ, mais il est impossible de déterminer la part de vérité que contient cette histoire. Si Hérodote est considéré comme le « père de l'Histoire », on l'a aussi surnommé le « père du mensonge »...
Rhampsinitus était le plus riche de tous les pharaons. Pour protéger son trésor, il demanda à son architecte de lui construire une grande salle sur un côté du palais. Cette pièce n'aurait pas de fenêtre, et elle aurait une seule porte. Le toit, les murs et le sol seraient en blocs de pierre dure et épaisse. Quand la construction fut terminée, Pharaon remplit sa nouvelle salle avec de l'argent, des bijoux et toutes sortes de choses précieuses. Il fit garder la porte par des soldats. Enfin, son trésor était en sécurité.
Les années passèrent. L'architecte de Pharaon tomba malade. Il appela sa femme et ses deux fils à son chevet.
« Pharaon n'a jamais été généreux avec moi, dit-il, et je ne suis pas riche. Mais j'ai songé à votre avenir. Apparemment, les grosses pierres qui ont servi à construire le mur extérieur de la salle du trésor sont toutes identiques. Mais l'une d'elles est descellée : deux hommes n'auront aucun mal à la déplacer. »
Il expliqua à ses deux fils comment trouver cette pierre, puis il leur recommanda de ne pas être trop avides et il rendit son dernier soupir.
Les deux frères firent embaumer et enterrer le corps de leur père. Sans attendre plus longtemps, ils décidèrent d'aller explorer la salle du trésor. À la faveur de la nuit, ils s'approchèrent du mur et ne tardèrent pas à trouver la fameuse pierre. Ils se glissèrent à l'intérieur de la salle en prenant soin de refermer la brèche derrière eux, pour éviter d'éveiller les soupçons des gardes. Alors, ils allumèrent leurs torches. Le spectacle de ce trésor fabuleux les fit tressaillir. Ils commencèrent à essayer des colliers, à respirer des parfums, à admirer des statuettes en or... Au bout d'une heure, ils se rappelèrent qu'ils devaient partir avant l'aube. Ils prirent chacun deux poignées de pièces d'argent, et ils rentrèrent chez eux après avoir soigneusement refermé le passage secret.
Les deux frères revinrent dans la salle du trésor la nuit suivante, et puis toutes les autres nuits. Au début, ils restèrent prudents. Ils pri-

rent de petites quantités de pièces d'argent, qu'ils dépensèrent sans précipitation. Mais, peu à peu, la tentation devint trop forte, et ils oublièrent les recommandations de leur père. Ils remplirent des sacs de pièces d'argent ; ils commencèrent à voler pour leur mère des bijoux royaux qu'elle n'osait même pas porter.

Un jour, Rhampsinitus eut envie d'aller contempler ses richesses. Dès qu'il entra dans la salle du trésor, il sentit qu'il y avait quelque chose d'anormal. Il s'aperçut que certains de ses bijoux préférés avaient disparu, et que les jarres qui auraient dû être pleines d'argent à ras bord étaient à moitié vides. Pharaon entra dans une effroyable colère. Mais qui devait-il punir, puisque la pièce n'avait pas de fenêtre et que l'unique porte était scellée et bien gardée ? Il fit doubler la garde et resceller la porte. Pourtant, le lendemain matin, il manquait encore plus de pièces d'argent dans les jarres. Alors Pharaon fit poser des pièges dans la salle du trésor.

Cette nuit-là, les deux frères déplacèrent la pierre et se glissèrent dans la salle du trésor. L'aîné bondit vers une jarre. Il tomba dans un piège qui se referma sur lui en lui brisant les deux jambes. Il refoula ses cris de douleur. Son frère essaya de le libérer, mais les dents du piège ne faisaient que se resserrer davantage. Enfin, le frère aîné murmura :

« Je perdrai tout mon sang et je mourrai avant l'aube, ou alors les gardes me trouveront et ils me tueront. S'ils voient mon visage, ils me reconnaîtront, et toute la famille sera punie. Pour sauver notre mère, pour te sauver toi-même, il faut que tu hâtes ma mort en me tranchant la tête. »

Malgré toute sa répugnance, le frère cadet savait qu'il devait agir ainsi. Il hésita encore un peu, puis, d'un seul coup d'épée, il mit fin aux souffrances de son frère et lui trancha la tête. Il s'enfuit en portant la tête sous son bras.

Le lendemain matin, Pharaon et ses gardes entrèrent dans la salle du trésor. Quelle ne fut pas leur stupeur quand ils découvrirent un corps sans tête pris dans un piège ! Et il était impossible de comprendre comment cet homme avait pu pénétrer dans la pièce. Pharaon se dit que le voleur devait avoir un complice. Il ordonna à dix gardes de pendre le corps devant un des murs du palais et de le surveiller.

« Si vous voyez des gens qui pleurent en passant devant le corps, dit-il, vous les arrêterez immédiatement ! »

Le tête du voleur fut enterrée avec tout l'amour et toute la tendresse possibles. Mais, quand la mère apprit ce qui était arrivé au corps de son aîné, elle fit d'amers reproches à son plus jeune fils :

« Vois où tu nous as menés avec ta cupidité : à la détresse et à l'infamie. Le *ka* de ton frère ne parviendra jamais au Champ des roseaux, si son corps se trouve d'un côté et sa tête de l'autre. »

Elle demanda à son fils d'aller chercher le corps pendu devant le mur du palais, en menaçant de le dénoncer s'il refusait.

Le lendemain, le frère cadet chargea deux ânes avec des outres de vin, puis il se déguisa et il conduisit ses ânes sur la route qui longeait le palais, en faisant mine de se diriger vers les cuisines royales. Il passa devant le corps pendu en faisant semblant de ne pas le voir. Quand il arriva à hauteur des gardes, il s'arrangea pour que ses deux ânes se cognent l'un contre l'autre. Deux outres se débouchèrent et le vin commença à se répandre. Le frère cadet se planta au beau milieu de la route en faisant des gestes désespérés. Voyant que ce bon vin allait se perdre, les gardes saisirent leurs écuelles et leurs flasques vides, et s'élancèrent pour les remplir de vin. Le frère cadet simula la plus profonde indignation et s'empressa de reboucher les deux outres. Alors, les gardes commencèrent à se moquer de lui, et il sembla retrouver sa bonne humeur. Il offrit une des deux outres à moitié vides aux soldats pour leur prouver sa sympathie.

Les gardes, tout contents, invitèrent l'inconnu à venir s'asseoir à l'ombre du mur pour boire le vin avec eux. Les gardes burent un verre, puis un autre, cependant que le frère cadet ne touchait pas à son vin. Quand la première outre fut vide, il leur offrit la seconde. Bientôt, les gardes se mirent à chanter, puis ils se querellèrent, et enfin ils s'endormirent l'un après l'autre. Entre-temps, la nuit avait commencé à tomber.

Le frère cadet détacha le corps de son aîné, le posa sur le dos d'un âne, le recouvrit avec son manteau et le ramena chez lui. Sa mère l'accueillit avec des cris de joie. Ils enterrèrent le corps en grand secret auprès de la tête.

Quand les gardes se réveillèrent, ils avaient atrocement mal à la tête. Ils se sentirent encore plus mal en point quand ils s'aperçurent que le corps du voleur avait disparu. Pharaon leur infligea de sévères punitions. Il ne put s'empêcher d'admirer l'audace du complice, mais il était plus décidé que jamais à le retrouver.

Rhampsinitus fit annoncer qu'il avait installé sa

fille dans une maison de la cité. Elle passerait une nuit avec chaque homme qui lui raconterait son action la plus criminelle et son action la plus astucieuse. La princesse devait écouter les hommes qui viendraient lui raconter leurs exploits et, si l'un d'eux parlait du trésor royal, elle devait appeler des gardes qui étaient cachés dans la pièce voisine.
Dans toute la ville, on ne parlait plus que de la promesse de Pharaon. Le frère cadet ne pouvait laisser passer cette occasion de rencontrer la princesse. Il entra dans l'officine des embaumeurs, vola le bras d'un mort et le cacha sous son manteau. Puis il se rendit à la maison de la princesse.
Il arriva après la tombée de la nuit. Un domestique le conduisit dans la chambre de la princesse. La pièce était faiblement éclairée par une lampe à huile, mais le frère cadet put se rendre compte que la princesse était très belle. Il s'assit sur le bord de la banquette, près de la porte. Quand la princesse lui demanda sa main, il lui tendit la main du mort. Elle la prit dans la sienne en disant d'une voix engageante :
« Raconte-moi ce que tu as fait de plus criminel, et aussi ce que tu as fait de plus astucieux. Dis-moi la vérité, et je serai à toi.
— La chose la plus criminelle fut de tuer mon propre frère et de lui trancher la tête, mais il m'avait demandé de le faire parce qu'il était pris dans un piège. La chose la plus astucieuse fut de dérober le corps de mon frère après avoir enivré les gardes. »
La princesse comprit que c'était l'homme que recherchait son père. Elle cria aux gardes qu'elle tenait le voleur par la main. Quand les gardes entrèrent dans la pièce, ils trouvèrent la princesse évanouie, avec le bras d'un cadavre posé auprès d'elle sur la banquette.
Quand Pharaon apprit ce qui s'était passé, il se dit qu'il valait mieux compter un homme aussi ingénieux parmi ses amis que parmi ses ennemis. Il annonça qu'il pardonnerait à l'audacieux voleur s'il se dénonçait, et qu'il le récompenserait. Le frère cadet se présenta au palais. Il raconta toute son histoire. Rhampsinitus lui demanda de devenir son conseiller. Quelque temps après, il épousa la princesse. Il mit toute son ingéniosité au service de Pharaon et il n'éprouva plus jamais le besoin de voler quoi que ce soit.

# Les mésaventures d'Ounamon

Au début du XI$^{e}$ siècle avant Jésus-Christ, l'Égypte avait perdu la majeure partie de son empire. Les mystérieux Peuples de la mer, venus du nord, avaient conquis une bonne partie de la Syrie et de la Palestine. À l'intérieur même de l'Égypte, l'autorité du pharaon était contestée par des hommes très puissants, et notamment par le grand prêtre d'Amon à Thèbes. Un manuscrit vieux de trois mille ans raconte les aventures d'un homme envoyé au Liban par le grand prêtre Hérihor.

Chaque année, la grande effigie d'Amon-Rê, le roi des dieux, sortait du temple pour se rendre dans la Cité des Morts, de l'autre côté du Nil, et festoyer avec Hathor, la déesse de l'ivresse. Or, la barque sacrée qui transportait l'effigie divine se détériorait de plus en plus. Le grand prêtre voulait en faire construire une autre, mais les arbres égyptiens ne pouvaient fournir des planches d'une longueur et d'une qualité suffisantes. Seules les cèdres du Liban convenaient pour une barque sacrée. Hérihor décida d'envoyer un ambassadeur à Byblos, où se trouvait la cour du prince Zekerbaal, qui régnait sur le Liban. Il confia cette mission à un prêtre qui s'appelait Ounamon. Il lui donna assez d'or et d'argent pour acheter le bois précieux, et une statuette d'Amon-de-la-route pour le protéger tout au long de son voyage.

L'envoyé d'Hérihor arriva bientôt dans la ville de Tanis. Il se présenta au palais du prince Smendès, qui avait plus de pouvoir sur le nord de l'Égypte que Pharaon lui-même. Ounamon avait une lettre de recommandation, écrite par le grand prêtre au nom du dieu Amon. Le scribe lut la lettre à haute voix devant Smendès et sa femme Tenatamon.

« Nous sommes les serviteurs du roi des dieux », dirent le prince et la princesse. Ils promirent de trouver un bateau pour Ounamon et de faire tout ce qu'ils pourraient pour l'aider dans sa mission.

Il leur fallut deux mois pour trouver ce bateau. Un jour du quatrième mois de l'été, Ounamon embarqua sur l'un des plus beaux vaisseaux de Smendès et salua son capitaine syrien, Mengebet. Ils firent voile vers le nord, puis ils longèrent les côtes de Palestine. Ils firent escale à Dor, pour se ravitailler. Jadis, ce port faisait partie de l'empire égyptien. Mais Dor appartenait maintenant aux Tjekers, un de ces peuples du Nord qui avaient envahi la Palestine. Ounamon considérait ces gens-là comme de vulgaires pirates, mais il était obligé d'être poli avec eux.

Beder, le prince tjeker qui gouvernait Dor, offrit cinquante pains, un quartier de bœuf rôti et une grande cruche de vin fort à l'envoyé égyptien. Ce soir-là, Ounamon partagea ce festin avec toute son escorte, sur le pont du bateau. La cruche de vin passa de main en main, et Ounamon finit par s'endormir sur son siège. Le lendemain matin, il s'aperçut qu'un membre de l'équipage avait disparu... ainsi que tout l'or et l'argent destiné à l'achat du bois de cèdre.

Ounamon était complètement affolé. Comment pourrait-il rentrer en Égypte et avouer qu'il s'était fait voler l'or et l'argent alors qu'il cuvait son vin sur le pont du bateau ? Il courut au palais de Beder.

« J'étais dans ton port quand je me suis fait dévaliser, dit Ounamon. C'est toi qui commandes ici, tu dois arrêter le voleur et retrouver l'or et l'argent. Ils appartiennent à Amon-Rê. Si on ne les retrouve pas, Smendès et tous les princes d'Égypte, le grand prêtre d'Amon et le prince de Byblos seront furieux.

— Tu plaisantes ? rétorqua Beder. De quel droit viens-tu me donner des ordres ? Si le voleur était un Tjeker, je te rembourserais en prenant de l'or et de l'argent dans mon propre trésor. Mais le voleur est un membre de ton équipage, à ce qu'il semble, et ce n'est pas mon affaire. Toutefois, par considération pour le roi des dieux, j'ordonnerai que l'on fasse une enquête. Reste quelques jours dans le port, nous verrons si nous pouvons retrouver ton or et ton argent. »

Ounamon attendit neuf jours. Le dixième jour, il fit irruption dans le palais et demanda si on avait retrouvé son or et son argent. Beder lui répondit tranquillement qu'il devait attendre encore quelques jours. Ounamon était persuadé que le prince tjeker n'avait nullement l'intention de mettre la main sur le voleur. Il le soupçonnait même d'avoir tout manigancé. Aussi, il ordonna au capitaine Mengebet de mettre les voiles immédiatement.

Ounamon ne savait toujours pas comment il allait payer le bois de cèdre. Le bateau cinglait vers le nord et ils étaient déjà à mi-chemin entre Tyr et Byblos quand ils croisèrent un vaisseau tjeker. Ounamon fit donner l'assaut et, après un combat acharné, les Égyptiens se rendirent maîtres des Tjekers, qui étaient moins nombreux. Ils obligèrent l'équipage à leur remettre tout l'argent que transportait le vaisseau. Au total, il y avait à peu près l'équivalent de ce qui avait été volé à Dor. Ounamon déclara au capitaine tjeker :

« Tu es libre maintenant. Va voir Beder, ton prince, et dis-lui de te donner mon argent quand il l'aura retrouvé ! »

Ounamon était assez content de lui. Bientôt, le bateau entra dans le port de Byblos. Ounamon établit son campement sur le rivage, avec une tente spéciale pour la statuette d'Amon-de-la-route, tandis que le capitaine Mengebet continuait à naviguer vers le nord, car il avait à s'acquitter d'une mission pour Smendès. Ounamon envoya un messager au prince Zekerbaal pour lui annoncer son arrivée. Quelques instants plus tard, le commandant du port s'approcha des tentes égyptiennes et s'écria :

« Comment des misérables comme vous osent-ils établir un camp dans ce port ? Le prince de Byblos vous ordonne d'évacuer les lieux immédiatement.

— Mais c'est impossible, répondit Ounamon, interloqué. Je n'ai pas de bateau, dis-le à ton maître. »

Le commandant transmit le message, mais le prince ne voulait rien savoir. Il répéta :

« Qu'ils s'en aillent ! »

Chaque jour, l'envoyé d'Hérihor demanda à être reçu par le prince et chaque jour il essuya le même refus. Il finit par demander qu'on lui donne un bateau pour qu'il puisse s'en aller. On lui répondit simplement :

« Quittez ce port immédiatement ! »

Cela dura un mois. Enfin, Ounamon apprit qu'il y avait un bateau syrien dans le port de Byblos et que le capitaine acceptait de prendre des passagers égyptiens. Il ordonna à ses hommes de lever le camp. Dans le milieu de l'après-midi, il ne restait plus que la tente d'Amon-de-la-route. Comme Ounamon ne voulait pas exposer la statuette divine aux risées des étrangers, il décida d'attendre la tombée de la nuit pour la porter dans le bateau.

À ce moment-là, le prince Zekerbaal entrait dans le grand temple de Byblos. Il s'avança vers la déesse de Byblos en portant une coupe d'encens. Soudain, un de ses pages fut pris de convulsions. Il devint tout pâle, il se mit à trembler de tous ses membres, sa tête se renversa vers l'arrière et il parla d'une voix grave, très différente de sa voix habituelle. De toute évidence, il était possédé par un dieu.

« Faites venir Amon-de-la-route, dit-il. Et aussi l'envoyé égyptien qui est avec lui. Cet homme vient de la part du roi des dieux. Il faut l'écouter ! »

Le jeune garçon s'évanouit. Pendant que les prêtres et les courtisans s'empressaient autour du page pour essayer de le faire revenir à lui, Zekerbaal commençait à se demander s'il n'avait pas eu tort de renvoyer Ounamon. Il envoya un messager au port.

À l'instant même où l'envoyé égyptien entrait dans la tente pour prendre la statuette d'Amon-de-la-route, le commandant du port s'approcha de lui en faisant de grands gestes et en criant :

« Reste ! Ne t'en va pas ! Le prince te demande de rester jusqu'à demain !

— Comment ? demanda Ounamon d'un ton ironique. Est-ce que mes yeux me trahissent ? Je crois pourtant reconnaître l'homme qui est venu chaque matin pour me dire de partir. Ah ! tu veux que je laisse passer ma seule chance de rentrer chez moi, et demain tu viendras encore me dire de partir ! »

Le commandant eut beau protester, affirmer que ce n'était pas un piège, Ounamon refusa de l'écouter. Quand il apprit ce qui s'était passé, Zekerbaal ordonna au bateau syrien de rester dans le port.

Le lendemain matin, des messagers du prince vinrent chercher l'envoyé égyptien pour l'escorter jusqu'au palais. Avant de les suivre, Ounamon s'agenouilla devant la statuette d'Amon-de-la-route en le priant de lui donner du courage et de l'éloquence.

Zekerbaal reçut Ounamon dans une salle qui

dominait le port. Le prince était assis dans un fauteuil d'ivoire. Il tournait le dos à la fenêtre, et l'on aurait dit que les vagues de la mer syrienne roulaient jusqu'à son cou. Il portait une luxueuse robe de pourpre tyrienne et des bagues en or à chacun de ses doigts. Ounamon s'inclina devant lui et dit fièrement :

« Je t'apporte la bénédiction d'Amon-Rê, le roi des dieux !

— Et quand as-tu quitté la demeure sacrée d'Amon ? demanda le prince.

— Il y a cinq mois.

— As-tu une lettre du grand prêtre d'Amon pour prouver que tu es bien celui que tu dis ?

— J'en avais une, grommela Ounamon, mais je l'ai donnée à Smendès.

— Je vois, dit Zekerbaal, qui commençait à perdre patience. Tu te présentes dans mon palais, mais tu n'as pas de lettre, et pas de bateau, et tu penses que je vais faire ce que tu me demanderas ! Tu ne viens même pas de la part de Pharaon ! Smendès t'a probablement envoyé sur ce bateau syrien pour se débarrasser de toi, en espérant que le capitaine te jetterait par-dessus bord.

— Ce n'était pas un bateau syrien, puisqu'il était au service de Smendès.

— Dis-moi plutôt ce que tu viens faire ! répliqua Zekerbaal d'un ton agacé.

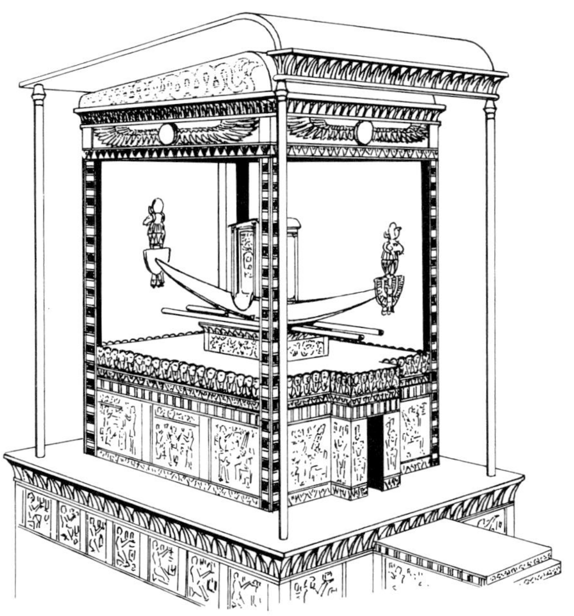

— Je suis venu chercher du bois pour la barque sacrée du grand dieu Amon. Tu sais que ton père et le père de ton père envoyaient du bois en Égypte. Tu dois suivre leur exemple.

— J'enverrai du bois en Égypte quand les Égyptiens pourront me le payer, répondit sèchement le prince. Il est vrai que mes ancêtres commerçaient avec l'Égypte, mais, avant de couper des cèdres, ils attendaient que six bateaux égyptiens aient déposé leur chargement sur les quais de Byblos. Si tu ne me crois pas, regarde les livres de comptes. »

Zekerbaal demanda qu'on lui apporte les livres. Trois scribes entrèrent en titubant sous le poids des papyrus jaunis. Zekerbaal prit un rouleau de papyrus qui datait du temps de son grand-père et lut à haute voix la liste des marchandises fournies par Pharaon en échange du bois de cèdre. Ounamon écouta en baissant la tête, car il se sentait découragé.

« Si le roi d'Égypte était mon suzerain, reprit Zekerbaal, il n'aurait qu'à m'ordonner de faire couper du bois, sans me parler d'aucun paiement, mais il n'est pas mon suzerain. Je ne suis pas ton serviteur, ni celui des hommes qui t'ont envoyé ici. Je suis le seigneur du Liban. Quand je parle, les cèdres tombent et les rondins s'alignent sur le quai. Où est ton bateau, pour transporter les rondins dans ton pays ? Où sont tes cordes, pour embarquer les rondins ? Devrais-je tout faire à ta place ? Il est vrai que le dieu Amon a créé l'Égypte avant tous les autres pays. Il est vrai que Byblos tient sa sagesse et son savoir des Égyptiens. Mais le temps a passé, et l'Égypte n'a plus aucun pouvoir sur les autres pays. Tu as fait un voyage inutile. »

La colère donna de l'audace à Ounamon.

« Tu te trompes, dit-il. Il n'est pas un bateau, sur les fleuves ou sur les mers, qui n'appartienne à Amon. Quant au Liban, que tu appelles ton pays, ce n'est que la réserve de bois du roi des dieux. Comment oses-tu chicaner sur le prix du bois devant l'envoyé de ton dieu ? Les pharaons du temps passé ont envoyé des cargaisons d'or, mais moi je peux offrir des présents divins. Si tu dis oui, Amon te récompensera en t'accordant une longue vie et une bonne santé. »

Ounamon se tut. Puis, se ravisant, il ajouta :

« Si tu hésites encore, j'écrirai une lettre à Smendès et Tentamon, qui sont les fidèles serviteurs d'Amon, pour qu'ils te paient tous les frais d'abattage et de transport du bois. »

La promesse de quelques produits égyptiens sem-

bla faire plus d'effet sur le prince que celle d'une faveur divine. Un scribe s'avança, prêt à écrire la lettre sous la dictée d'Ounamon.
Les Égyptiens replantèrent leurs tentes sur le rivage et ils attendirent avec confiance. Au bout de quelques mois, des messagers arrivèrent d'Égypte. Ils portaient cinq jarres de pièces d'or et cinq de pièces d'argent, du tissu de lin fin, cinq cents nattes, cinq cents cordes et cinq cents peaux de bœufs pour Zekerbaal. La princesse Tentamon avait aussi envoyé des vêtements neufs, un sac de lentilles et cinq paniers de poisson séché pour Ounamon.
Le prince fut enchanté des cadeaux égyptiens. Il ordonna aux bûcherons d'abattre les cèdres. Le bois sécha tout l'hiver, puis les bûcherons le débitèrent en rondins que des bœufs traînèrent jusqu'au rivage.
Un jour du troisième mois de l'été, Zekerbaal fit appeler l'envoyé égyptien. Le prince se promenait dans les jardins du palais, entouré de courtisans obséquieux. Nombre d'entre eux étaient des Égyptiens qui avaient abandonné leur pays pour la cour de Byblos. Ils se moquèrent du pauvre Ounamon, mais Zekerbaal leur imposa le silence et dit :
« Le bois est prêt. J'ai fourni les bateaux et les équipages qui le porteront en Égypte, bien que j'aie reçu un très maigre paiement. Pars vite, car tu dois craindre ma colère bien plus que toutes les tempêtes en mer. J'espère que tu es reconnaissant. Après tout, j'aurais pu te faire subir le sort que mon père avait infligé aux envoyés de Khaemouaset. Ils ont attendu dix-sept ans à Byblos. Veux-tu voir leurs tombes ?
— Ce n'est pas nécessaire, répondit Ounamon. Le vizir n'était qu'un homme, et je suis l'envoyé d'un dieu. Tu devrais faire graver sur une pierre, pour que tout le monde le sache, que tu as accueilli l'envoyé d'Amon, que tu lui as généreusement offert du bois de cèdre et des bateaux, et que tu l'as renvoyé en Égypte pour qu'il demande au dieu de t'accorder un surcroît de cinquante années à vivre.
— Ce sont de belles paroles, dit Zekerbaal d'un ton narquois.
— Quand je serai de retour dans mon pays, continua Ounamon, je dirai au dieu et à son grand prêtre tout ce que tu as fait, et ils te récompenseront en conséquence. »
L'envoyé égyptien s'inclina devant le prince de

Byblos et s'en retourna vers le port, heureux d'en avoir enfin terminé. En s'approchant, il s'aperçut que le port était envahi par des bateaux tjekers. Soudain, un des hommes qui se tenaient sur le quai s'écria en désignant Ounamon :
« C'est lui ! C'est l'homme qui nous a volé notre argent ! Il faut l'arrêter ! »
Ounamon s'assit par terre, se prit la tête dans les mains et faillit pleurer de rage. Un des scribes de Zekerbaal accourut lui demander ce qu'il avait. Ounamon leva la tête et répondit tristement :
« Tu vois ces oiseaux dans le ciel ? Ils fuient la fraîcheur de Byblos pour aller passer l'hiver dans la chaleur de l'Égypte. Ils y seront bien avant moi. Peut-être ne reverrai-je jamais mon pays, car ces pirates sont venus m'arrêter. »
Le scribe avertit Zekerbaal de ce qui se passait. Le prince était furieux. S'il avait fait couper et préparer le bois, ce n'était pas pour que toute cette affaire échoue à la dernière minute.
« Dis au Tjeker et à l'Égyptien que je jugerai leur différend demain matin. »
En secret, il envoya un autre messager à Ounamon, pour lui dire de ne pas désespérer. Le message était accompagné de deux cruches du meilleur vin, d'un agneau entier et d'une chanteuse égyptienne, que Zekerbaal employait d'habitude à son propre service.
Ounamon essaya de faire bonne contenance. Il fit rôtir l'agneau, et il trinqua avec la chanteuse. Puis tous deux allèrent s'asseoir sur la plage. La jeune fille chanta des chansons d'amour égyptiennes en s'accompagnant à la harpe, tandis qu'Ounamon regardait la mer en songeant à son pays.
Dans la matinée, le capitaine tjeker exposa ses griefs contre Ounamon. Zekerbaal feignit de l'écouter avec sympathie, puis il demanda :
« Et que veux-tu que je fasse ?
— Arrête-le, et nous le ramènerons à Dor pour qu'il subisse le châtiment des voleurs.
— Si cet Égyptien était un homme ordinaire, répondit Zekerbaal avec un long soupir, et s'il était au service d'un gouvernement terrestre, je vous le livrerais avec plaisir. Mais hélas, il est l'envoyé du roi des dieux. Comment pourrais-je retenir en captivité l'envoyé du dieu que je vénère ? Voilà ce que nous allons faire. Les bateaux égyptiens quitteront le port de Byblos et je laisserai partir les bateaux tjekers. Si vous le capturez en pleine mer, je n'y serai pour rien, et le dieu ne pourra rien me reprocher. »
Le prince était ravi d'avoir trouvé cette solution. Ainsi, il garderait de toute façon les présents que Smendès avait envoyés en paiement, puisque le bois aurait quitté le port de Byblos.
Ounamon ordonna aux capitaines de ses bateaux de faire force de rames et de voiles. Avec leur chargement, ses bateaux seraient moins rapides que ceux des Tjekers et Ounamon pria Amon-de-la-route de lui venir en aide.
Quand les bateaux se furent éloignés de la rade, un vent fort se leva, gonfla les voiles et les poussa vers l'Égypte. Ounamon reprenait confiance. Avec un vent aussi fort, il avait des chances de garder son avance sur les Tjekers. Le ciel commença à s'assombrir, le vent à souffler de plus en plus fort. Enfin, des éclairs brillèrent et la pluie tomba en trombes. Bientôt les Égyptiens furent trop occupés à lutter contre l'orage pour s'inquiéter des Tjekers.
La tempête fit rage toute la nuit. À l'aube, le capitaine aperçut une terre à l'horizon, et les bateaux mirent le cap sur le port le plus proche. Ce devait être l'île d'Alisiya, royaume de la princesse Hatiba.
Quand les bateaux entrèrent dans le port, les gens s'attroupèrent sur le quai, mais ils ne semblaient pas animés de sentiments très amicaux. Certains étaient armés. Entouré de six hommes choisis parmi les plus robustes, Ounamon descendit sur l'appontement et se fraya un chemin dans la foule hostile. Au début, les gens se contentèrent de murmurer et de le bousculer, puis quelqu'un lança une pierre. Ounamon leva la main pour se protéger, mais les autres pensèrent qu'il les menaçait. Ils attaquèrent. Les Égyptiens dégainèrent leurs épées et se préparèrent à défendre leurs vies.
À cet instant précis, la princesse Hatiba en personne vint voir d'où venait toute cette agitation. Ounamon se jeta à ses pieds et demanda :
« Y a-t-il quelqu'un qui parle égyptien ?
— Oui, moi, répondit un des hommes qui accompagnaient la princesse. Qui es-tu ?
— Je suis Ounamon, l'envoyé du grand dieu Amon. Je viens de Thèbes, la ville sacrée d'Amon, où j'avais entendu dire que la justice régnait à Alisiya. Mais est-il juste d'attaquer des hommes que l'orage oblige à chercher refuge dans votre port ? Les équipages de mes bateaux appartiennent au grand prince de Byblos. S'il leur arrivait quelque chose, le prince se vengerait. »
L'interprète traduisit les paroles d'Ounamon. Aussitôt, la princesse ordonna aux badauds de

déposer leurs armes, car les visiteurs étaient d'innocents étrangers. Elle se tourna vers Ounamon et lui parla en souriant. L'interprète dit :
« Ma princesse te demande de passer la nuit dans son palais. »
Hatiba offrit l'hospitalité à Ounamon et à ses hommes pendant deux jours et deux nuits. Elle les pria de rester plus longtemps, mais Ounamon craignait de se laisser rattraper par les Tjekers. Ils partirent donc le matin du troisième jour, chargés de présents pour Amon. Durant tout le trajet, Ounamon ne cessa de scruter l'horizon, et il ne put trouver le repos jusqu'au jour où les bateaux abordèrent les rivages égyptiens.
Ounamon fit transborder le bois sur des barques qui remontaient le Nil. Il fit une escale à Tanis pour remercier Smendès et Tentamon. Quand il arriva à Thèbes avec toutes les barques remplies de bois de cèdre, il fut accueilli par la foule en liesse. Le grand prêtre Hérihor le récompensa et fit construire une somptueuse barque pour l'effigie d'Amon-Rê.

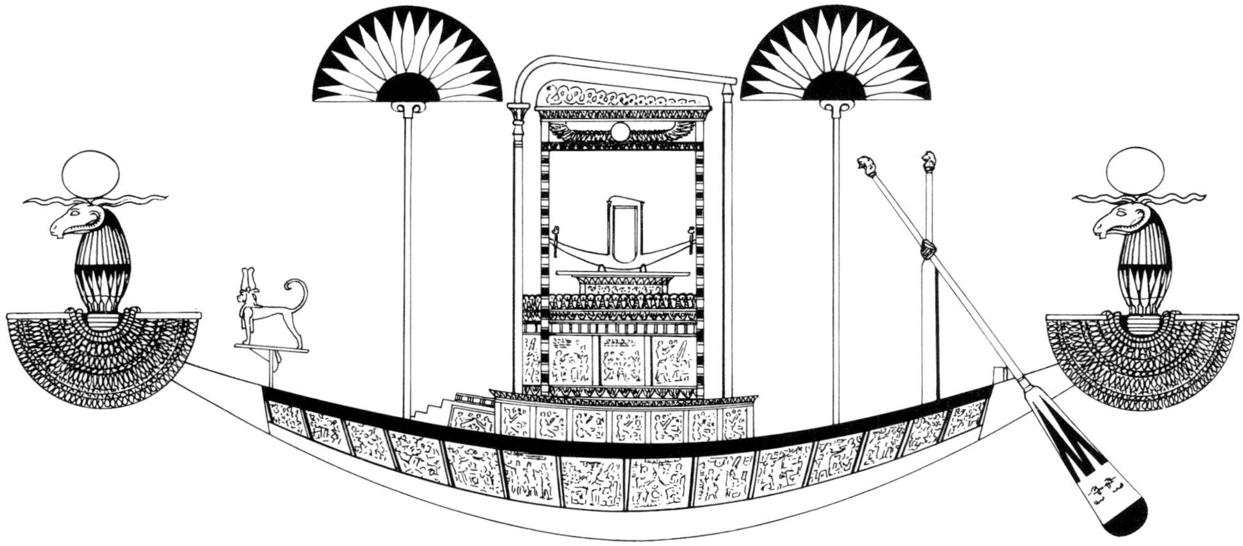

# Le déclin de l'Égypte

SOUS LE RÈGNE glorieux de Ramsès II, la puissance de l'Égypte commençait déjà à décroître. La fin du IIe millénaire avant Jésus-Christ fut une époque de troubles et de désordres politiques dans tout le Moyen-Orient. Des empires s'effondraient, tandis que de nouveaux royaumes (comme Israël) se constituaient. L'Égypte resta quelque temps à l'écart de tout ce tumulte, mais les successeurs de Ramsès II se virent contraints de défendre leurs frontières contre plusieurs ennemis. Les tribus libyennes, qui voulaient s'installer dans le delta, attaquaient à l'ouest, cependant que les Peuples de la mer arrivaient par le nord, après avoir anéanti le puissant empire hittite. Sous le règne de Ramsès III (v. 1194-1163 av. J.-C.), les Peuples de la mer perdirent deux grandes batailles, l'une en mer et l'autre sur terre. L'Égypte était sauvée, mais elle était dépouillée d'une grande partie de son empire et donc de sa prospérité. En lisant *les Mésaventures d'Ounamon,* on voit combien l'Égypte avait perdu de son prestige au XIe siècle avant Jésus-Christ.

Les successeurs de Ramsès III furent des rois sans autorité, qui s'appuyaient sur une administration inefficace et corrompue. Les ouvriers de Deir el-Medineh se mirent en grève à plusieurs reprises parce que leurs salaires n'étaient pas payés. Un énorme scandale éclaboussa les fonctionnaires thébains quand on révéla qu'ils avaient fermé les yeux sur le pillage des tombes royales. La Nubie finit par échapper à l'emprise égyptienne. Les généraux et les grands prêtres acquirent des pouvoirs de plus en plus considérables et fondèrent leurs propres dynasties.

La lignée des Ramessides s'éteignit, et une nouvelle dynastie, la XXIe (v. 1070-945 av. J.-C.), gouverna l'Égypte. La capitale se déplaça à Tanis, dans la partie orientale du delta. Cependant, l'unité de l'Égypte était de plus en plus menacée. La dynastie suivante, d'origine libyenne, se divisa en deux branches rivales. Au VIIIe siècle avant Jésus-Christ, une bonne douzaine de souverains différents se partageaient le pouvoir et prétendaient chacun au titre de roi. En 730 avant Jésus-Christ, le roi de Napata (en Nubie), Piankhi, renversa tous ces petits rois égyptiens. Il y avait déjà plusieurs siècles que la Nubie était indépendante, et pourtant les rois de Napata étaient à bien des égards plus égyptiens que les Égyptiens eux-mêmes. Ils vénéraient le dieu Amon et ils se faisaient enterrer dans des pyramides, une coutume que les Égyptiens avaient abandonnée depuis un millier d'années. Les descendants de Piankhi réunifièrent l'Égypte et constituèrent la

XXV$^{e}$ dynastie (v. 712-657 av. J.-C.). Le dernier de ces rois nubiens fut chassé de Napata par une invasion assyrienne.

Les rois assyriens, dont la capitale était Ninive, avaient conquis un immense empire, et ils étaient célèbres pour leur cruauté. Ils infligèrent une profonde humiliation à l'Égypte, mais ils ne purent l'asservir complètement. Ils durent gouverner par l'intermédiaire de vassaux égyptiens. L'un de ces vassaux, Psammétique, ne tarda pas à se rebeller et à fonder la XXVI$^{e}$ dynastie saïte (du nom de la capitale, Saïs), qui régna sur l'Égypte de 664 à 610 avant Jésus-Christ. Ce fut une période relativement calme et prospère. La seule menace venait du roi de Babylone, Nabuchodonosor, qui s'était emparé de Jérusalem et avait condamné les Juifs à l'exil.

La Perse supplanta Babylone et l'Assyrie au rang de première puissance du Moyen-Orient. En 525 avant Jésus-Christ, le roi perse Cambyse envahit l'Égypte. Durant le IV$^{e}$ siècle, les chefs égyptiens luttèrent contre la domination perse, puis l'empire perse subit à son tour les attaques du jeune roi de Macédoine, Alexandre le Grand. En 332, Alexandre libéra l'Égypte du joug perse et fut acclamé par les Égyptiens comme un fils du dieu Amon.

Alexandre mourut en 323 avant Jésus-Christ. Il fut enterré en Égypte, d'abord à Memphis, puis dans la nouvelle ville d'Alexandrie. Ses généraux se partagèrent son immense empire, et l'Égypte échut au général Ptolémée, dont les descendants continuèrent à régner durant deux cent cinquante ans. Alexandrie, avec sa fameuse bibliothèque, devint un des plus grands foyers de la civilisation grecque. Les Égyptiens durent adopter les lois et la monnaie grecques, mais ils purent continuer à construire des temples pour leurs dieux. Ceux qui existaient devinrent des bastions de leur ancienne culture.

Les Ptolémées avaient tous un tempérament cruel et querelleur. Les femmes étaient aussi impitoyables que les hommes. La plus célèbre d'entre elles, la reine Cléopâtre VII, faisait la guerre à son frère cadet, après avoir tué sa sœur aînée, lorsque Jules César arriva en Égypte, en 48 avant Jésus-Christ. Le père de Cléopâtre avait dû placer l'Égypte sous la protection de Rome, et les Romains attendaient une occasion d'incorporer ce pays à leur empire en pleine expansion.

Cléopâtre réussit à sauvegarder l'indépendance de l'Égypte en gagnant les faveurs de César et en lui donnant un fils. Après l'assassinat de Jules César, son ami Marc Antoine et son petit-neveu Octave se partagèrent l'empire. Antoine prit l'Orient et il commença par faire venir ses nouveaux vassaux pour qu'ils lui jurent foi et hommage. Quand Cléopâtre arriva, le général romain fut subjugué. Il s'installa à Alexandrie, et gouverna l'Orient avec Cléopâtre, malgré la réprobation de Rome. Puis vint l'affrontement avec Octave. Antoine et Cléopâtre, vaincus, évitèrent l'humiliation de rentrer dans Rome avec des chaînes aux pieds en se donnant la mort.

En l'an 30 avant Jésus-Christ, l'Égypte n'était plus qu'une simple province romaine. Comme les Grecs, les nouveaux conquérants étaient fascinés par la civilisation égyptienne et par sa religion qui promettait une vie heureuse dans l'au-delà. Le culte d'Isis et d'Osiris se répandit dans tout l'Empire romain, jusqu'à Londinium (Londres) où fut construit un temple d'Isis. Ce n'est donc pas la domination romaine qui a détruit la civilisation de l'Égypte ancienne, mais la montée du christianisme. Quand le christianisme devint la religion officielle de l'Empire romain, on ferma les temples égyptiens, on mutila les effigies des anciens dieux, et on finit par oublier la signification des hiéroglyphes. Les Égyptiens se détournèrent délibérément de leur prestigieux passé.

Au VII$^{e}$ siècle de notre ère, les Arabes envahirent l'Égypte, la transformant en un foyer de rayonnement de la culture islamique. Mais la communauté chrétienne restait assez nombreuse pour lutter contre l'assimilation. Cette communauté parlait le copte, une langue qui faisait la transition entre l'égyptien et le grec, et qui nous a permis de remonter dans le passé, au cœur de la civilisation de l'Égypte ancienne.

## L'écriture dans l'Égypte ancienne

Les Égyptiens ont commencé à utiliser l'écriture vers l'an 3200 avant Jésus-Christ. Dès lors, le pouvoir appartenait aux rares lettrés qui avaient appris à lire et à écrire la langue égyptienne. Chaque scribe avait par-devers lui une petite palette garnie de pastilles d'encre solide rouge et noire, un peu d'eau pour diluer l'encre, des pinceaux en roseau et un instrument pour lisser la surface du papier. Ce papier était obtenu à partir de tiges de payrus. C'était un matériau coûteux. Pour les écrits moins importants ou pour les exercices, on utilisait plutôt des éclats de poterie ou de calcaire (les *ostraca*).

Deux types d'écriture ont coexisté durant la majeure partie de l'histoire de l'Égypte ancienne : les écritures hiéroglyphique et hiératique. Les somptueux hiéroglyphes, avec leurs dessins de personnages, d'animaux ou d'objets minutieusement exécutés, étaient gravés ou peints sur les stèles, les statues, les tombes et les temples, mais rarement sur les papyrus. Pour un usage plus quotidien, on utilisait une écriture plus cursive, en quelque sorte des hiéroglyphes simplifiés : l'écriture hiératique. Ces deux écritures se lisaient généralement de gauche à droite et de haut en bas. Les mots n'étaient pas séparés les uns des autres et il n'y avait aucune ponctuation.

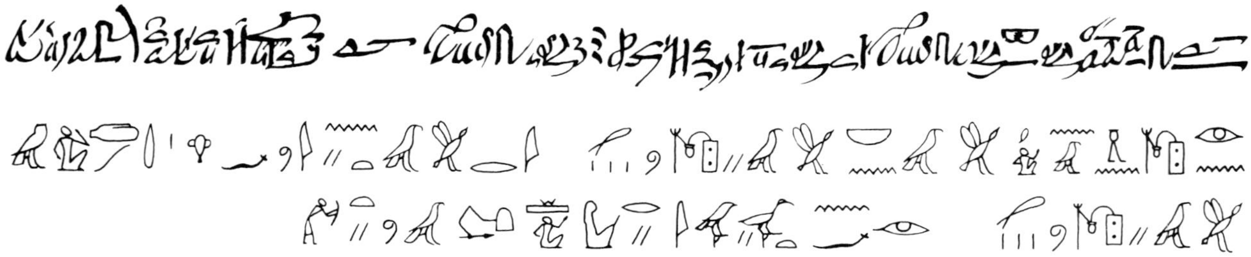

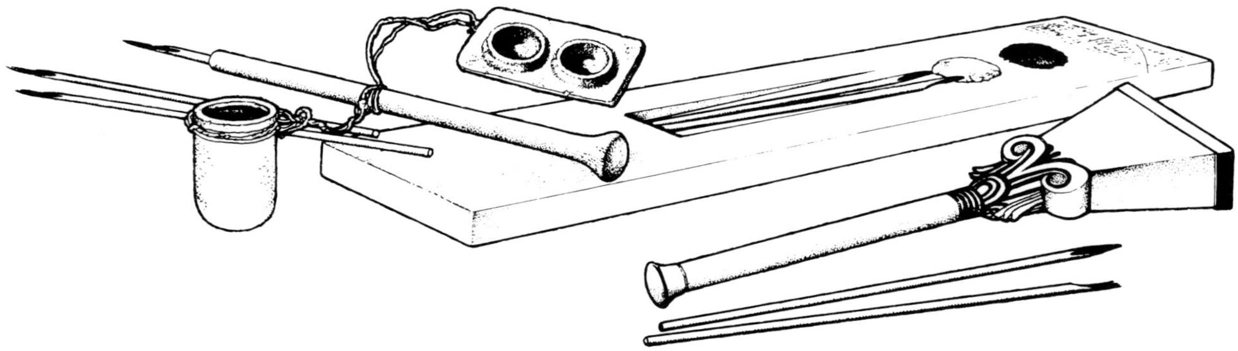

Malgré les apparences, les hiéroglyphes n'étaient pas tous des dessins représentant les objets ou les actions dont il était question. Il existait un peu plus de sept cents signes différents, dont certains correspondaient à des sons et d'autres à la signification des mots représentés. Parmi les premiers, les plus courants étaient les vingt-quatre consonnes et semi-voyelles simples :

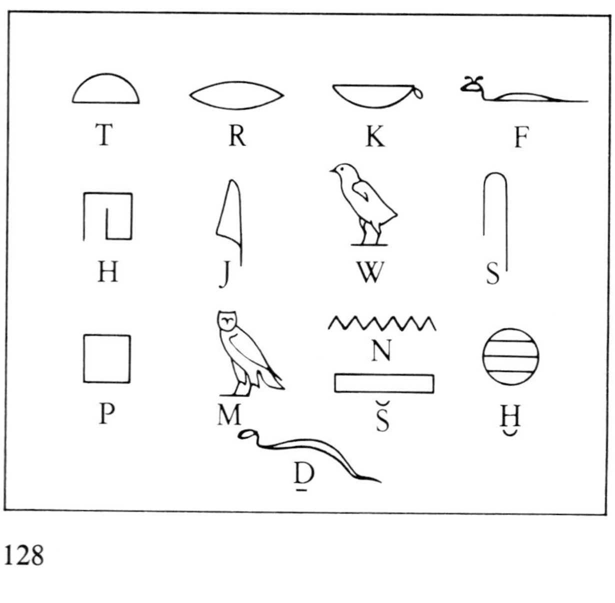


D'autres représentaient des combinaisons de deux ou quatre consonnes :

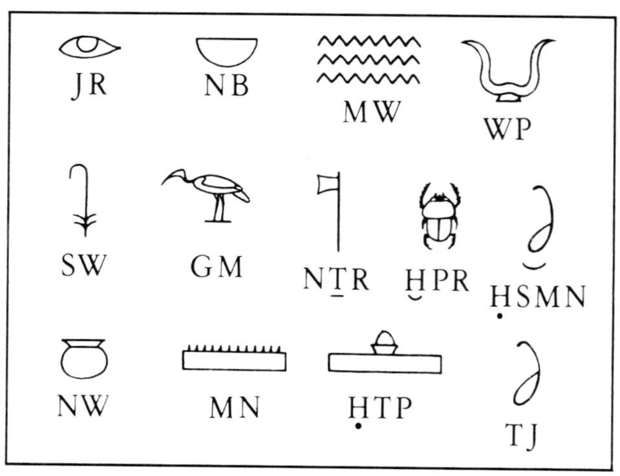


Les voyelles n'étaient pas représentées, d'où une certaine difficulté à déterminer la prononciation exacte des anciens mots égyptiens. Les spécialistes utilisent actuellement plusieurs systèmes de transcription. Aussi le dieu de Thèbes sera-t-il appelé Amon dans certains ouvrages, et dans d'autres Amun ou Amen. En outre, les premiers égyptologues se sont fondés sur les traductions grecques des mots égyptiens ou sur les noms que les Grecs avaient donnés aux

dieux et aux villes de l'Égypte ancienne. Thot et Hermopolis, par exemple, sont des noms grecs que l'on continue à utiliser pour éviter les confusions.
Parmi les signes qui n'indiquaient pas des sons, il y avait quelques pictogrammes à proprement parler, qui représentaient des objets ou des êtes animés de façon assez ressemblante :

 **taureau**

 **scribe**

Pour éviter les confusions, les Égyptiens utilisaient également des "déterminatifs", placés avant ou après le mot pour indiquer à quelle catégorie ce mot appartenait. Par exemple, les verbes de mouvement, tels que "aller" ou "marcher" étaient suivis de deux jambes :

**aller**

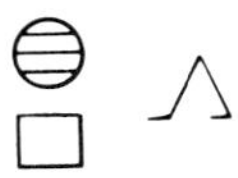

**marcher**

Tous les mots ayant un rapport avec la lumière se terminaient par un disque solaire :

**jour**

**lumière**

Les noms propres se terminaient par une silhouette féminine ou masculine assise :

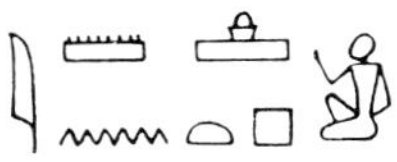

**Amonhotep (homme)**

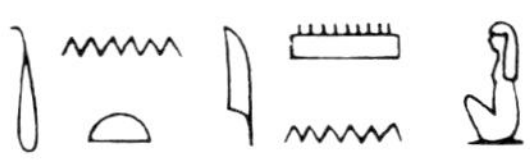

**Tentamon (femme)**

La plupart des mots égyptiens se composaient d'un ensemble de "consonnes" suivi, pour plus de clarté, d'un déterminatif ou d'un pictogramme :

*rm* (poisson) s'écrivait avec deux signes, "r" et "m", suivis d'un dessin de poisson.

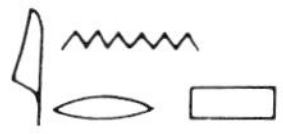

*jnr* (pierre) s'écrivait avec trois signes, "j", "n" et "r", plus un carré représentant un bloc de pierre.

Dans certains mots, un même son pouvait être représenté de deux façons différentes :

*hnou* (louanges) s'écrivait avec un signe "h", un signe "n", un signe "nou", un signe "ou" et un dessin d'homme agenouillé. On pouvait le lire *hnou* ou *hnnouou* indifféremment, puisque le *nou* introduit dans le mot ne servait qu'à renforcer les autres signes. Pour compliquer encore les choses, un même signe pouvait représenter un son, ou un mot tout entier, ou devenir un déterminatif :

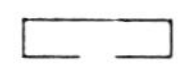

se lit *pr* dans certains mots.

Mais, comme ce signe représente un plan de maison, il servait aussi à désigner une maison :

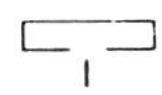

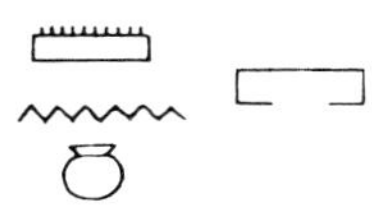

Ou encore, il "déterminait" un mot en rapport avec la construction et le bâtiment, tel que *mnw* (forteresse) :

À cela s'ajoute le fait que les Égyptiens écrivaient de la façon la plus satisfaisante pour l'œil, en disposant les signes dans l'ordre le plus harmonieux. Les textes égyptiens sont donc extrêmement difficiles à déchiffrer. Si des égyptologues n'avaient pas consacré leur vie à ce travail souvent fastidieux, les tombes et les temples égyptiens seraient restés désespérément muets.

## Les symboles de la mythologie égyptienne

Les illustrations placées au début de chaque chapitre représentent certains des objets et des symboles associés aux événements et aux personnages de la légende qui suit.

p. 11 Terre rouge, terre noire
Quelques images caractéristiques de l'Égypte ancienne. De haut en bas : les pyramides de Gizeh, la double couronne rouge et blanche des Deux-Terres, une communauté de l'Égypte ancienne, le sarcophage contenant le cercueil où est placée une momie, le village d'artisans de Deir el-Medineh, le Nil.

p. 21 Les neuf dieux
En haut : Nout, la déesse du ciel. En bas : Geb, le dieu de la terre. Au centre : Rê-Atoum. Sont également représentés : un jeu égyptien assez proche de notre jeu de dames, et des ibis, les oiseaux consacrés au dieu Thot.

p. 24 Le nom secret de Rê
Le dieu soleil était souvent représenté avec un corps humain et un scarabée à la place de la tête. Le serpent magique redevient poussière après avoir mordu Rê.

p. 26 L'Œil-du-Soleil
Le soleil voilé de ténèbres symbolise la profonde tristesse de l'Égypte. Hathor, sous sa forme de chatte sauvage, voit se dérouler des épisodes de trois des fables que lui raconte Thot. En bas : Thot, transformé en babouin.

p. 34 La colère de Rê
Le dieu Soleil brille sur l'Égypte, pays prospère qu'un massacre vide de ses habitants. Nout, sous sa forme de vache, porte un disque solaire, un serpent sacré ura eus et une double plume entre ses cornes. En bas : Hathor sous sa forme de lionne.

p. 36 Le meurtre d'Osiris
L'arrière-plan est occupé par le Nil qui se jette dans la mer. Isis, transformée en hirondelle, tourne autour de la colonne où est enfermé le corps d'Osiris. En bas : le petit Horus dans les marais.

p. 41 Le combat d'Horus et de Seth
Horus à tête de faucon porte la couronne blanche. En haut : le bateau en bois de pin avec lequel il a dupé Seth. En bas : le combat des dieux transformés en hippopotames.

p. 48 Le voyage de l'âme
La momie, enveloppée de linges, est entourée par son *ka.* Au-dessus, son *ba,* c'est-à-dire son âme, apparaît sous la forme d'un héron. Derrière : les portes du monde inférieur, avec les serpents et le feu symbolisant les épreuves que le *ba* doit surmonter. En bas : les substances utilisées pour embaumer le mort sont placées dans un vase en forme de lotus, symbole de renaissance.

p. 51 Sept ans de famine
Le dieu Khnoum à tête de bélier fait couler le Nil dans l'Égypte asséchée.

p. 53 Le roi Chéops et les magiciens
En haut : la figurine en cire devient un vrai crocodile. Au centre : la jeune rameuse avec son amulette. En bas : l'oie, le canard et le bœuf décapités, dont le magicien Djedi a remis la tête en place.

p. 60 Le paysan éloquent
Quelques scènes de la vie quotidienne, d'après des peintures murales. Une femme et son enfant rentrent la moisson. La confection du pain et de la bière. Un paysan et son âne. Un scribe, avec des rouleaux de papyrus et des instruments d'écriture. Au centre : le paysan plaide sa propre cause.

p. 64 Le naufragé
Le serpent géant se dresse au-dessus du marin échoué dans l'île mystérieuse. En bas : le feu allumé par le naufragé.

p. 69 La prise de Joppé
Un char de guerre et des armes égyptiennes (cimeterre et arme d'hast). En bas : représentation stylisée d'une ville entourée de remparts, avec le campement des assaillants et des soldats portant un panier.

p. 71 Le destin du prince
Le prince et les trois instruments de sa mort (crocodile, serpent, chien), le génie de l'étang et la tour où était enfermée la princesse.

p. 77 Les deux frères
Les femmes des deux frères sont insérées dans des cœurs. En haut et en bas : le cèdre et les arbres fabuleux (ce sont des *Persea*). Les petits sarcophages symbolisent la mort des deux femmes perfides.

p. 84 Vérité et Mensonge
Mensonge (en haut) savoure la profonde humiliation de Vérité. En bas : les servantes de Désir découvrent Vérité, qui est bientôt chassé de la maison. En bas : Vérité obtiendra justice.

p. 86 Le divin pharaon
En haut : Akhenaton coiffé de la double couronne. En bas : le buste de Nefertiti provenant de Tell el-Amarna. Au centre : Aton (le disque solaire) avec ses rayons terminés par des mains qui présentent le signe de vie.

p. 88 La princesse de Bakhtan
Le dieu Khonsou tient la crosse et le fléau et porte la tresse de cheveux sur le côté de la tête, symbole de l'enfance et de la pleine lune.

p. 92 Le Livre de Thot
Le prince et son frère s'avancent dans le cœur de la tombe et approchent de la chambre funéraire.

p. 103 Le jeune magicien
Osiris est assis sous un dais en or décoré d'une fleur de lotus. Devant lui : Anubis à tête de chacal et Thot à tête d'ibis. Au centre : le cœur du défunt est placé dans un plateau de la balance ; dans l'autre il y a la plume de vérité. La Dévorante est prête à s'emparer des réprouvés. En bas : le père et le fils pénètrent dans le monde intérieur gardé par des démons.

p. 108 La lettre cachetée
Le Nubien avec son papyrus cacheté. En haut : la mère du sorcier, transformée en oie. En bas : le sorcier revient en Égypte pour exercer sa vengeance.

p. 114 Le voleur ingénieux
Un voleur met la main sur des bijoux en or et en argent typiques de l'Égypte ancienne. En bas : la salle du trésor. L'outre laisse couler du vin qui se répand sur une sculpture représentant une tête tranchée. En bas : le piège.

p. 117 Les aventures d'Ounamon
Les bateaux d'Ounamon sont surpris par un orage. En bas : le cèdre du Liban.

p. 126 Le déclin de l'Égypte
La splendeur décrépite de l'Égypte ancienne, d'après une statue du roi Djoser. Des pièces de monnaie aux effigies d'Alexandre le Grand et de Ptolémée Ier. Au centre : Cléopâtre VII, Jules César et Marc Antoine. En bas : la pyramide à degrés de Djoser sert de toile de fond aux symboles des nouvelles influences dominantes, chrétienne et islamique (la croix et la main). Les cinq doigts de la main représentent les cinq piliers de l'islam. L'inscription dit : "Dieu est grand."